JN152745

［増補改訂版］

企画書は、手描き1枚

One page is enough for proposal

感動型プランニング術

たかはしのぶゆき
高橋宣行

企画書は、手描き1枚

感動型プランニング術は
「手描き、1枚」という
最高のコミュニケーションツールを使った
デジタル化社会の新しいパフォーマンスだ、
と考えています。

人も商品も企業も
「持続的発展」が
永遠のテーマになっている中で、
深く愛し、永く愛し
惚れ続けさせるためには
このパフォーマンスをはずせません。

古いけど、新しい、アナログの復権です。

はじめに

「考える」「アイディアを出す」「企画を立てる」「工夫する」…この創造性を伴う仕事はとてもやっかいです。それは創造性には答えがあっても、何が正解かということが分からないからです。**創造性には正解がありません。**しかし、私たちは何時間も何日もかけ正解を求め続けています。それは、どこまで課題に対してリアリティを持つか。相手のリアリティを探しているのです。何が信じられるのか、何が人の気持ちを動かすのか、何が人をかたくなにするのか…と。

ビジネス社会でも、必死に説得しても納得してくれないケースが多々あります。理屈として通っていても、心の底からうなずいていない。「本当に信じていいのか」と思い、相手はなかなか「よし！」とは言いません。「あの競合Ａ社では…」「データによると…」「コンビニでは…」「みんなが…」と、客観的情報で説得したとしても、身体がひとつ動かない。確かに、この情報って後追いでオリジナルじゃないということですよね。方向はみんなと一緒という意味であって…。少しも個性的とも差別化とも言っていないことになります。相手は、その上でのリアリティが欲しいのです。

どう信じさせるか。創造的な作業で相手を納得させるには、**「あの人がやってくれたから」「あの人の考えることだから」**と、考える人を信じさせることです。

私もご多分にもれず、初めての依頼主と信頼関係を築くまでには時間がかかります。相手にとって、この人を信じていいのか。どこまで本気で考えているのか。取り組む姿勢に誠意を感じるか。オーダーに応えていても、いまひとつ踏み切れないのでしょう。とにかく信頼関係って、その人の総合力が見えてくるまで、距離があるものです。ようするに正解のない創造作業で信じさせるには、個人がブランド力を持つこと、これが最大の説得力だと思っています。

•

私たちはいくつになっても子供のように、相手が喜んでくれると嬉しくなるものです。(仕事のやりがいと満足、誇りはここにあるのでしょうから)。頭をなでられ「よかった！」と言われたい。そのために、「**あの人の期待を超えてやれ**」という意識が強まってきます。夢中で考える。あの人のために、もう1案。徹夜してもう1案。「そこまで考えているのか」「本気でウチのことを考えている」…。そんな姿勢が相手に伝わり始めると、仕事はとてもスムーズに流れていきます。「この人となら一緒にやっていけそうだ」と。そしていつのまにか、「**あの人がいないと困る**」**という信頼関係**に深まっていきます。だからもっと応えたい…。ビジネス社会での考える作業は、こうした共創関係で創造性が磨かれていくのです。

企画書は、手描き1枚　目次

はじめに ―――― 4

第1章　深まる恋愛型経済

1.「あなたがいないと困る」という関係づくり ―――― 12
2.「誰か、この事態、なんとかして！」 ―――― 14
3. すべての仕事は、人間につき当たる ―――― 16
4. 深く愛して、永く愛して ―――― 18
5. 目先のことだけでは、先の幸せにつながらない ―――― 20
6. 一番先に、選ばれる人になるために ―――― 22

第2章　いま、時代が求めるプランニング

1. 誰が得をさせてくれるのか
誰がビジネスをやりやすくしてくれるのか ―――― 26
2. 企画は、つねにルールのないところを
走らされている ―――― 28
3.「悩みの質が変わった」
問題の根っこを見つけて！ ―――― 30
4.「何をしたいのか」「どうなりたいのか」
「どこに向かうのか」 ―――― 32
5. これは、ホカと違うものか
これは、人が感動するものか ―――― 34
6. いま「点」でなく、
「面」の提案が効く ―――― 36

7. 新しい可能性を切り拓くには、
クリエイティブが不可欠だ 38

8. 感性でもっと強い絆を。
アナログがキーとなる 40

9. ゴールは、「先につながるか」、
「ブランドにつながるか」 42

10. 求めているのは、
企画書の裏にいる「あなた」です 44

第3章 プランニングに欠かせない原理・原則

1. 「いかに考えるか」は、「いかに生きてきたか」 48

2. 創造力は、情報の組み合わせ能力 50

3. 「WHAT」と「HOW」の2本の軸足 52

4. プランニングの3分割法 54

5. 「プランニングサイクル」を回す 56

6. プランニング7STEP 58

7. マーケティングプランニングフロー 60

8. 独創的仕事人のワークデザイン 62

9. 見立てのいいドクタースタイル 64

10. 「A4」1枚の戦略書 66

第4章 感動型企画書のつくり方

PART 1 [アイディアを売る]

イントロ 企画書は「アイディア」を売ること。「自分」を売ること —— 70

違いを創る視点12の狙い —— 71

視点 1 「相手」が見えて初めて考えられる —— 72

視点 2 「相手」への想いの深さが決め手 —— 74

視点 3 取材からオリジナルは始まる —— 76

視点 4 オファーの本質を見ぬく —— 77

視点 5 ビジネスマジックを起こす、コンセプトの力 —— 78

視点 6 全体を読み、全体で解決する —— 80

視点 7 アート化がなくては、差別化できない —— 81

視点 8 動かす仕組み、売れる仕組み —— 82

視点 9 それは先につながるか 持続するか —— 85

視点 10 夢あるストーリーが個性化を進める —— 86

視点 11 課題はクリエイティブで解決する —— 87

視点 12 左脳と右脳のキャッチボール —— 88

第5章 感動型企画書のつくり方

PART 2 〔自分を売る〕

イントロ 企画書の中に、あなたの顔が見えるか 92
愛され続ける視点15の狙い 93
視点 1 「みなさん」ではなく、「あなた」へ 94
視点 2 期待を超えるから、感動がある 96
視点 3 説得ではなく、納得させたい 100
視点 4 全身のアナログパワーが生きる 102
視点 5 手描き1枚のこだわり 104
視点 6 なぜ、1枚か 108
視点 7 なぜ、手描きか 110
視点 8 なぜ、図解か 112
視点 9 タイトルに「一行の力」を 114
視点 10 文章は相手に合わせ、手づくりで 116
視点 11 絵になる書き方・見せ方 118
視点 12 外からの視点を持っているか 122
視点 13 仕事のヒントは、机の上にない 124
視点 14 強い説得力とは、「こだわり」だ 128
視点 15 「あなたがいないと困る」と言わせたい 130

あとがき 132

第1章
深まる恋愛型経済

1 「あなたがいないと困る」という関係づくり

ヒトもモノも企業も、それぞれの関係の中で信頼し合い、持続しようという恋愛型社会へ向かっています。いい関係づくり、深い関係づくりの双方向社会です。その恋愛関係の基盤となっているのがコミュニケーションで、すべての産業のキーとなっています。そこで、このコミュニケーションを核に広がっている世の中の動きを、キーワードを通して図解してみました。こうすると全体をとてつもない大きな固まりとしてイメージできます。この状況下で、私たちのビジネスのルーティンワークがなされているのです。

ところで＜図-1＞を見ると、**「相手あってのビジネス社会」**ということを強く感じざるを得ません。しかし一方で世の中には、相手をイメージするのが、けっこう苦手な人がいます。コミュニケーションがとれない。深い関係づくりがとれない。言葉の裏にある気持ち、相手の無意識に敏感に反応できない人です。まず相手の立場に立って…という訓練がされていないので、不都合があれば、自ら逃げていく。その前に、そんな状況に置かれたくない。

残念ながらビジネスはその逆です。

相手との関係を深めないと成り立ちません。コミュニケーションとは、相手を想い合うことから始まります。そういうわけで企画書はよく恋愛に例えられ、ラブレターの感覚で、と言われたものです。伝えたい相手の顔を思い浮かべ、気持ちを探り、心のヒダに入り込む。相手をどこまで惚れさせるか。相手が分からなくて何を書こうというのでしょうか。企画書の基本姿勢はここにあります。**相手を想いやる気持ちを、どこまで強く出せるか**。その結果が、あなたらしさにつながっていきます。

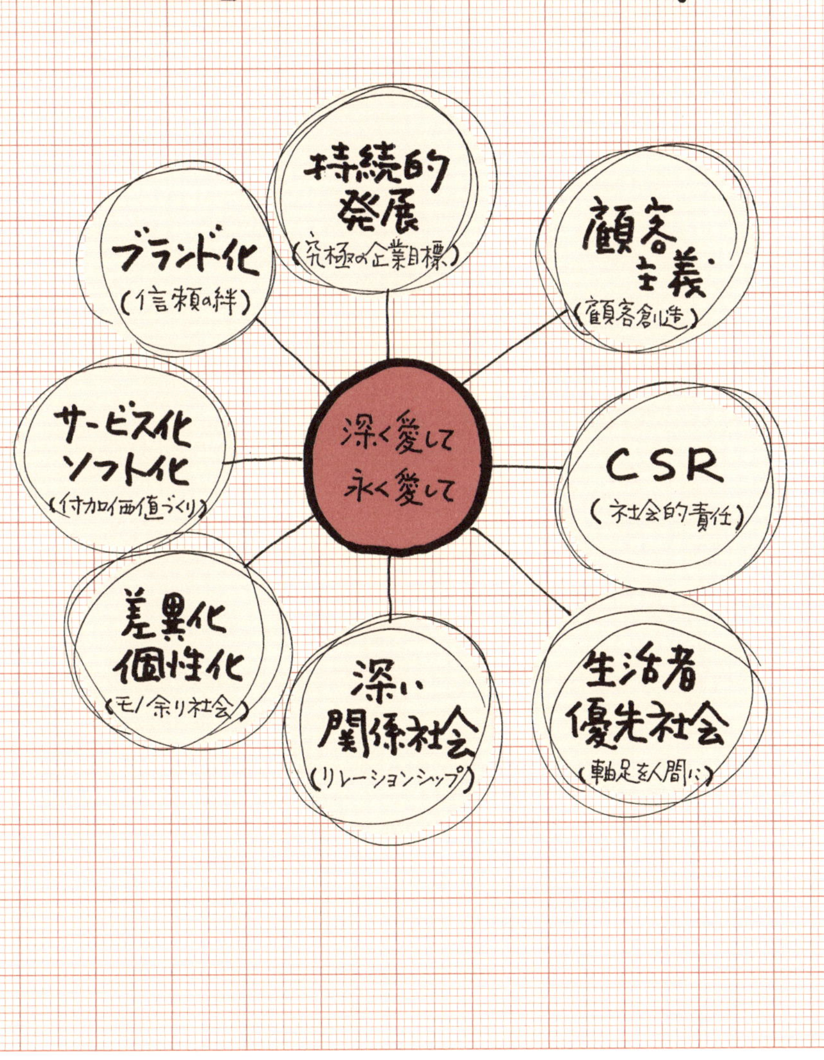
「相手」あってのビジネス社会
持続的発展
（究極の企業目標）
ブランド化
（信頼の絆）
顧客主義
（顧客創造）
サービス化
ソフト化
（付加価値づくり）
深く愛して
永く愛して
CSR
（社会的責任）
差異化
個性化
（モノ余り社会）
深い
関係社会
（リレーションシップ）
生活者
優先社会
（軸足を人間に）

＜図-1＞

2「誰か、この事態、なんとかして！」

いまビジネス社会から悲痛な声が聞こえています。「この事態、なんとかして！」。成熟した市場の中で、モノ余り社会で「動かない」現状と、反面、IT化の進化で変化し続ける「動き過ぎ」の極端な現実の前に、混迷は深まるばかりです。昔と違って、見本はない、手本はない。いつのまにか先頭を走っている私たちは、自分たちで解決し、自分たちで新しい道を歩まなければいけません。

いま、一番やっかいなのは複雑で方向が見えないことです。あり余る情報があっても、この混乱した状況を整理し、解決することにはつながっていません。ようするに、一本の筋道をつけ、光を当て、方向を示し、プロセスを動かせる人が欲しいのです。知恵ある人です。いま企業は「3つの確信」を求めています。

① 問題の核心を見つけ
② 何をすべきかコンセプトを創造し
③ 解決策をまとめる

この3つの確信を与え、相手から信頼され続けることが、本書のテーマである「感動型プランニング＝企画の考え方・伝え方」の狙いです。そのためには<図-2>の3つのお願いに応えることです。私たちビジネス社会での、課題解決や企画提案やアイディア開発など、考える工程はこの3つの柱で成り立っています。たった3つのお願いですが、これがとてもやっかいで力のいるものです。とくにこの3つを串刺ししているのが、顧客であり生活者である人間です。この人間をはずして企画が成り立たないこと、この事態を解決できないことは、第2章でお話しします。

企画書は、この
「3つの発見」につきる

1. オファーの本質の発見
（課題の本質を見ぬく）

2. コンセプトの発見
（新しい価値観づくり）

3. 解決策のアイディア発見
（新しい方向性に導く解決法）

＜図-2＞

3 すべての仕事は、人間につき当たる

ビジネスは人間で成り立っています。考える、作る、売る、買う、使う、はすべて人間のすること、しかも、すべて相手とのいい関係があって成り立っています。そして相手にはかならず、悩みや希望があり、それが考える目的であり、課題であり対象となってきます。ここを深掘りすることで、ひとつの感動を一緒に手にすることになります。企業はこうした関係をとても大切にしています。例えば、ホンダでは『3つの喜び』〈買って喜び、売って喜び、造って喜び〉を企業理念に掲げ、お客さまと共に喜びを分かち合う「共創」を行動指針としています。創業者の本田宗一郎さんは「独創的な企業活動の結果、人と喜びを分かち合えばいい」と、つねづね語っていました。

同じように花王も3者の喜びを理念に掲げています。

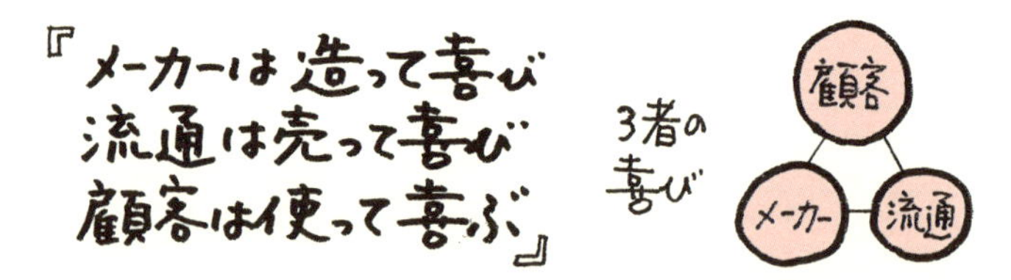

このように3者の連携がスムーズにいった結果、企業として持続的成長が約束されていくのでしょう。と、考えると、プランニングする私たちは単に相手の依頼に合わせるだけ、とはいきません。＜図-3＞にあるような依頼主が背負っている背景を、飲み込んで考える必要があります。

ようするに、相手の関わるビジネス社会を洞察し、相手の期待を超えた提案になっているかどうか。「えッ！ そこまで考えたのか」と、まず驚きと喜びを与えたいものです。そして、力を見せ、信頼させ、今後の関係をより深いものにしていくのです。

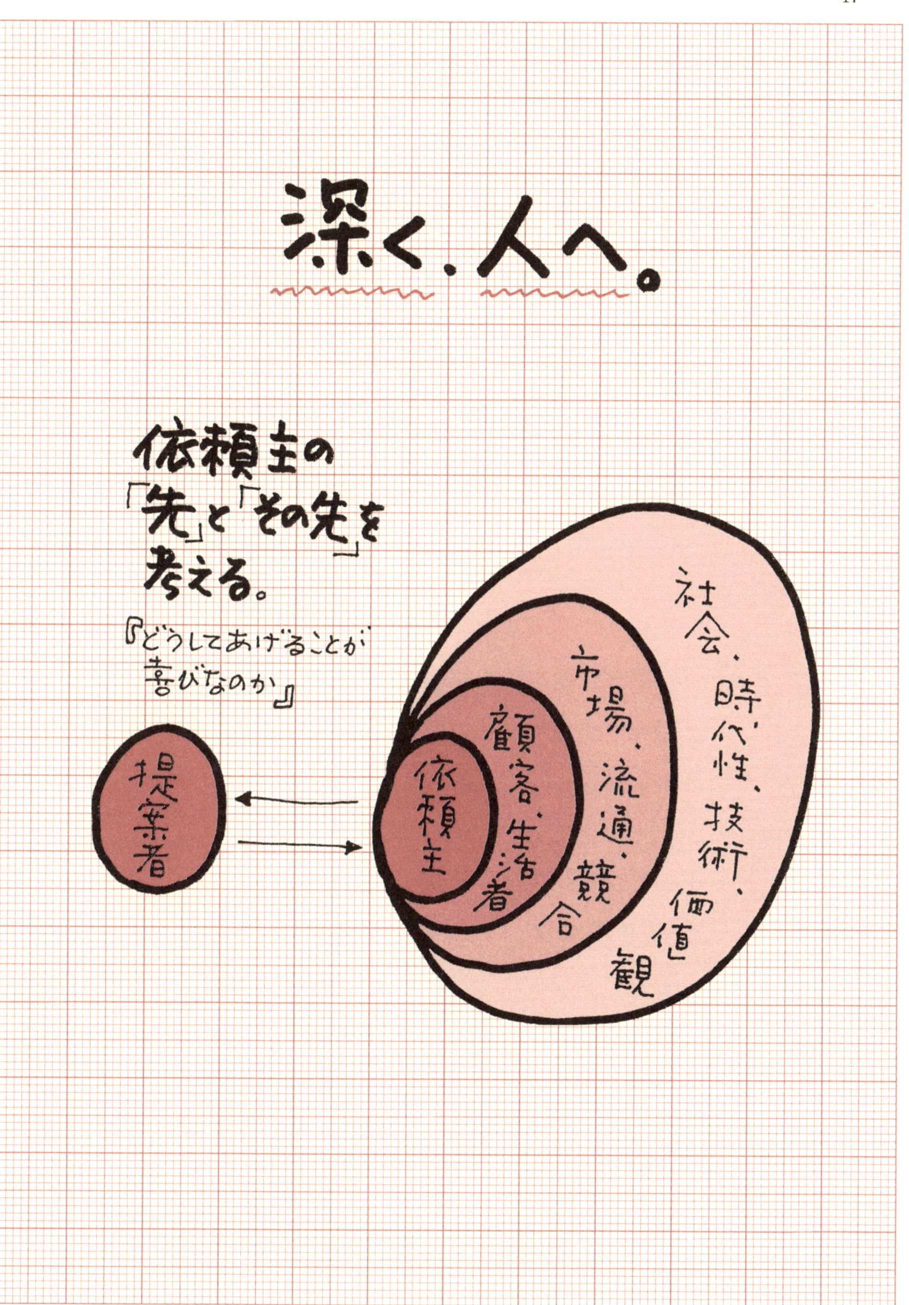
深く、人へ。
依頼主の
「先」と「その先」を
考える。
『どうしてあげることが
喜びなのか』
提案者
依頼主
顧客、生活者
市場、流通、競合
社会、時代性、技術、価値観

〈図-3〉

4 深く愛して、永く愛して

ビジネスは、相手を深く想うことでしか持続しません。よく言われるwin-winの関係で、ここにはパートナーシップが息づいています。高度な情報社会で、ボーダレスで、私生活中心社会の中で、「ほんとうに私のことを想っているのは誰か」。ここがとても大切になってきています。恋愛型社会、恋愛型経済とも言われ、あらゆるプロセスは恋愛関係なしにはスムーズにいきません。「深く愛して、永く愛して」です。

ヒト・モノ・企業・社会・地球…のすべてが、「持続的発展」を究極の目標として始めています。まさに深く永く、愛し愛され続けるという発想が欠かせません。

アメリカの百貨店「ノードストローム」のブランドスローガンは『生涯顧客化』。そのために顧客に何をすることで喜ばれ、生涯顧客として継続してもらえるのか。100%の顧客サービスを約束し、仕組み化することで、ブランドに対する信頼を維持しています。<図-4>のように、すべてが愛し愛される連鎖です。

当然、依頼主への企画提案も、すべて「顧客＝相手」につながることが前提です。「こうしてあげたい」「こうなるといいのに」という想いを強くすることから、信頼へつながっていきます。

いま若い人たちにとって恋愛関係、恋愛感情はとてもやっかいと思われているようです。もちろんラブレターなども書かないのでしょうね。

1枚の紙の前に、相手を想い浮かべ、幾重にも想いをめぐらせる。相手を探り、観察、洞察し、言葉を創って発信する。まさにツーウェイ・コミュニケーションの真髄を、ここで手にすることができるのに。とても残念です。

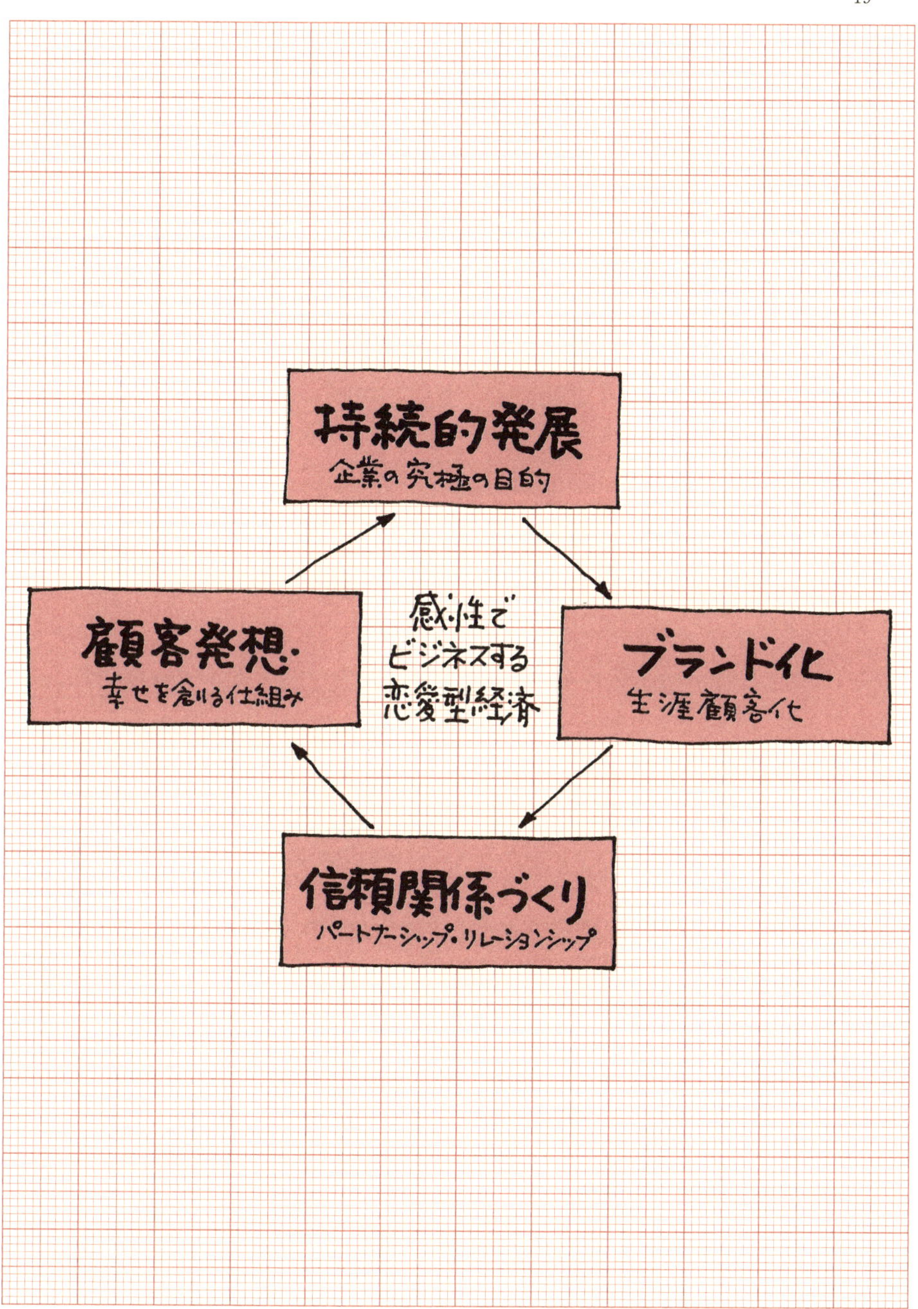
持続的発展
企業の究極の目的
顧客発想・
幸せを創れる仕組み
感性で
ビジネスする
恋愛型経済
ブランド化
生涯顧客化
信頼関係づくり
パートナーシップ・リレーションシップ

〈図-4〉

5 目先のことだけでは、先の幸せにつながらない

みんなが欲しがるから、見たがるから、と正当化するのはやめましょう。ほんとうにそれが先につながるのか。この人に、この家族に、何を手渡したらいいのか。いま、いいだけではなく、先につながる幸せとは何か。

複雑にからみあった課題は、部分部分で解決しようとしても本質につき当たりません。例えば「モノが売れない。なんとかしたい…」。その悩みの原因はほんとうにモノ自体なのか。精度なのか、機能性なのか。ネーミングか、パッケージか。広告か、販促か。営業か、流通か…。

すべての要因が関わり合って「売れない」という結果につながっているのかもしれません。**一度、全体で俯瞰してみる。**何が問題なのか、何が足りないのか。順位をつけるとどうなるのか。ほつれた糸を少しずつほぐし、次の行くべき方向を見つけ出す。そこに光を当て全体で解決していきます。いまや点では解決できない。部分だけ直しても先につながらなくなりました。それよりも＜図-5＞にあるようにビジネスクリエイティブな力と発想が必要になってきました。

ご存じ資生堂「TSUBAKI」。かつてはヘアケア市場4位と低迷が続く中で、新しいメガブランド戦略を展開し、資生堂ブランドの確立を進めました。単なる商品開発ではなく、「日本の女性は美しい」と美のナショナリズムに訴え続ける…。その結果、日本女性へのメッセージ、応援歌となって伝わり、商品を通じて資生堂全体の顔となっています。「広く・深く・長く」考えた時に、どんな世界（イメージ）を約束したらいいのか。**点の解決ではなく、面の世界を描く創造性**が、解決力になっています。

ビジネスクリエイティブな力

(もう知識だけでは、ビジネスは動かせない)

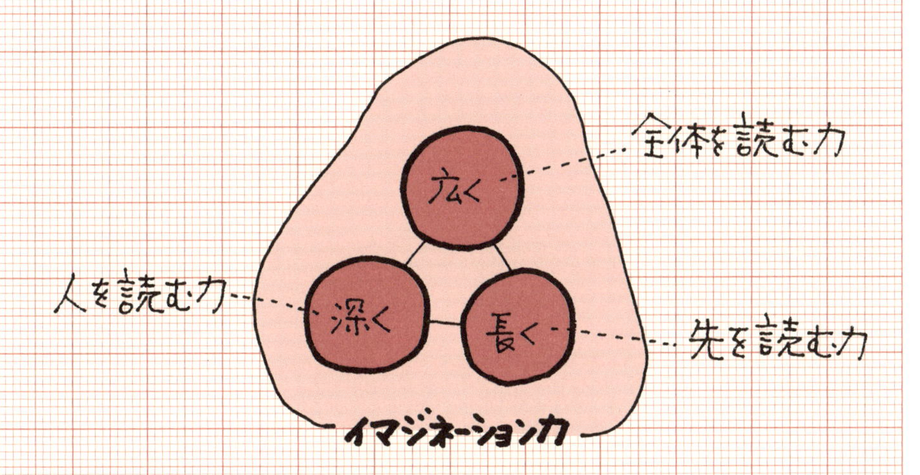

※ コンセプトも仮説も
アイディアもビジョンも
ストーリーも、すべて
イマジネーションの力

<図-5>

6 一番先に、選ばれる人になるために

S社の清涼飲料の新商品開発では、プロジェクトリーダーを中心に、営業、マーケッター、研究員、宣伝、そして外部の広告会社を含めたプロジェクトチームが編成されています。これは最近、多くの企業で進めているワークスタイルです。予想を上回るスピードで価値観が変わる中で、いまビジネスは専門家集団（例えば企画部とか商品開発部）だけでは動かせなくなっています。底から大きく揺れ、いくつもの価値観が錯綜するボーダレスで、クロスジャンルな世界。ITの進化であり余る情報があっても、世の中は複雑になり混沌とするばかりです。この状況の中でストーリーを描き、方向を示し、全体を引っぱってくれるのは誰か。<図-6>

社内・外の課題は、世の中の流れに無関係ではいられません。また世の中を構成する人間をはずしては考えられません。その上、いい関係をつくって持続していきたい、という恋愛型社会ですから、パートナー選び自体が重要課題といえましょう。いま、企業が求めている人とは――

- 課題解決できる人
- 専門性にとどまらず広い領域で知恵の出せる人
- 夢あるロマンあるイメージの描ける人
- 全体の仕組みをつくりスタッフを引っぱっていける人

それは職種でも階層でもない、多機能型（ダブルメジャリング）という新しい専門家なのかもしれません。イメージでいえば、プロデューサー、クリエイティブディレクター、ストラテジスト、プロジェクトリーダーのようなクロスオーバーな人です。誰に頼むのがベストか。その相手に選ばれたいものです。

誰が、ベストか。

- 誰に頼むのが、ベストか
- 誰なら熱い想いを語れるか
- 誰ならブレークスルーできるか
- 誰なら人を引っぱっていけるか
- 誰なら外を使いこなせるか
- 誰なら他部門を串ざしできるか
- 誰なら新しいウズを巻き起こせるか

⋮

<図-6>

第2章
いま、時代が求めるプランニング

私を喜ばせて欲しい 1 誰が、得をさせてくれるのか 誰が、ビジネスをやりやすくしてくれるのか

企画の依頼主は、以下のような強い想いを持っています。それは悲痛な叫びでもあります。

- 私のビジネスをやりやすくしてください。
- 私に得をさせてください。
- 私の全体を見て提案してください。
- 私の将来への方向を示してください。
- 私の期待を超えてください。
- 私との関係を持続できるよう考えてください。

依頼主にとって、この混迷の中で社内・外を問わず、「誰に頼むのがベストか」が大きなテーマになっているのです。従来のように、自らの専門領域の中で、専門家集団で解決できればいいのですが、そうはいきません。専門外のところに、大きなビジネスチャンスがある時代だからです。

広告会社でいえば、A社は「制作が、企業と顧客と社会を結ぶ要となること」を求め、B社は「メーカーと共に、商品開発や商品戦略のスタートから参加することが重要だ」と求めます。ハードルは年々高まる一方です。ビジネスはつねに「I care about you（あなたのために役立ちたい）」であり、その**姿勢を具現化**することで、依頼主との信頼が生まれてきます。

もちろん企画のオーダーには、いろいろな状況がありますが、つねに**提案力、サービス力**で依頼主のビジネスに関わることが目的になってきています。それは〈図-7〉のように、AとBの間で考えることではなく、つねにBとCの関係の上でプランニングすることです。Bの背景を徹底して読み込むことです。企業と生活者と市場と社会の思惑がぶつかり合う…。その中から企業と生活者の双方が得する方法を考えるのがアイディアです。

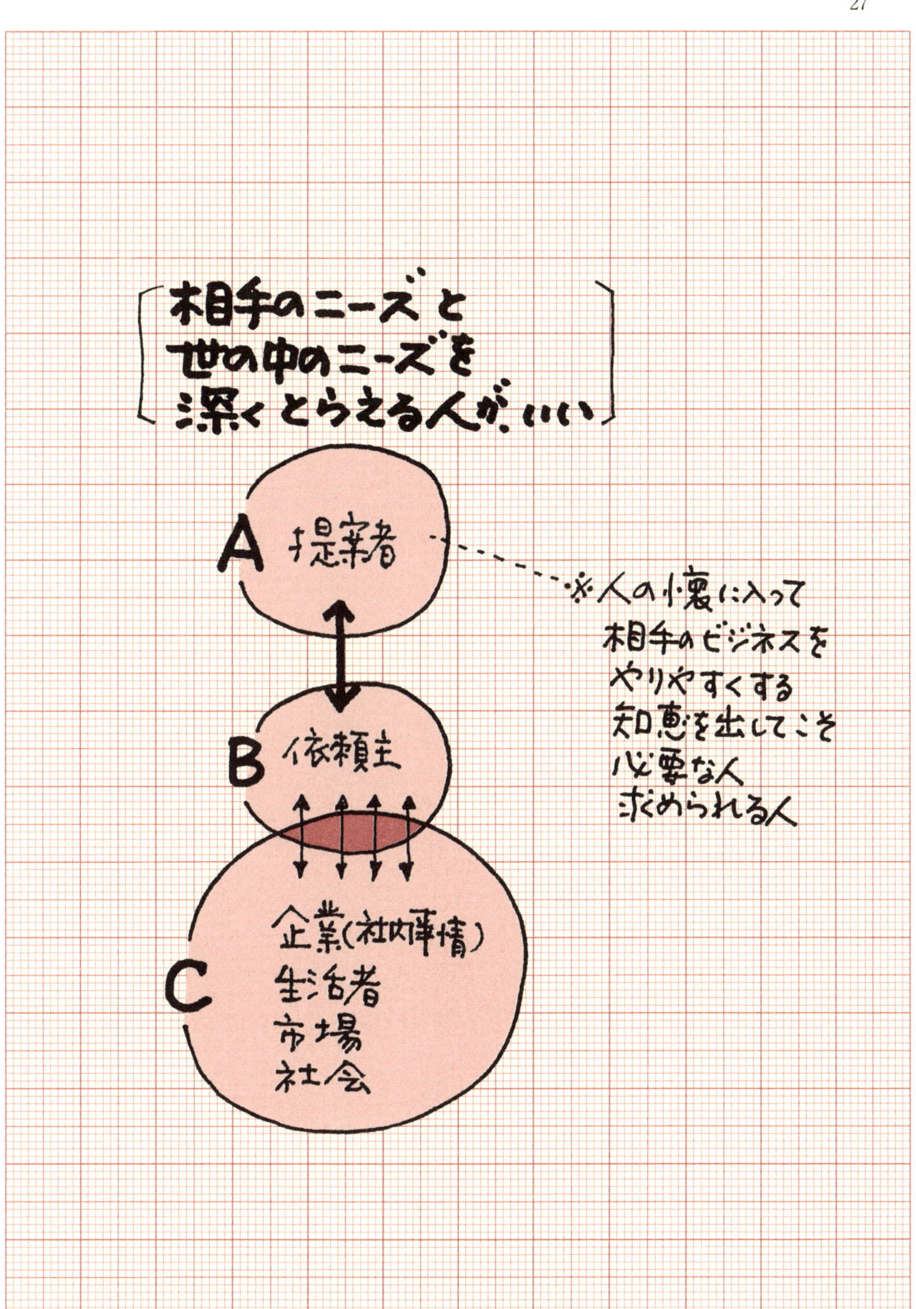
相手のニーズと
世の中のニーズを
深くとらえる人がいい
A
提案者
※人の懐に入って
相手のビジネスを
やりやすくする
知恵を出してこそ
必要な人
求められる人
B
依頼主
C
企業(社内事情)
生活者
市場
社会

〈図-7〉

新しい視点が欲しい 2 企画は、つねにルールのないところを走らされている

いまは競争ではなく「**人との違いをつくる時代**」といわれています。そのため私たちのプランニングには、何ひとつ同じ考え方、同じカタチの企画書はありません。相手の具体的な課題に対しての解決法であって、汎用的な発想法ではありません。社会はつねに固定しているわけではなく、個々の人間の集団ですから、価値観や習慣は変化していきます。新しいモノやサービスが生まれ、それに沿って人も動く。暮らし方も変われば、時代も変わります（携帯電話の進化に伴い、暮らし方が変わってきたように…）。この時代に一番合った入れものを考えるのがプランニングです。

＜図-8＞は同じ課題ですが、各社で事情はまったく違います。企業の文化、力（技術力・商品力）、生き方、人材、業界、ライバル、顧客…それぞれ持っているものが違うのですから、アプローチは違います。ハウツーも昔のケーススタディも使えない。**徹底して相手の中に入って、解決の道を探るしかありません。**過去を引きずり、習慣やルールを壊せずにいると、次の時代への対応が遅れたりします。新しい視点、新しい発想のプランニングが欲しい…それがカタチにとらわれない課題解決型の「感動型プランニング」です（詳細は第4章・第5章）。そこには依頼主から信頼され続けるための

- 360度、依頼主発想の視点
- 「あなたを喜ばせたい」という熱い想い
- 惚れられ続けるキャラクター

の姿勢があります。

企画書は、「勝ちたい」「取りたい」「稼ぎたい」から、「惚れさせたい」「愛されたい」「持続したい」の感動型へと発想が変わってきています。

汎用的な発想はない

ここの違いを嗅ぎわけよう。

悩みは共通

- イメージが低い
- 売れない
- 市場で弱い
- 人が育たない
- モチベーション低い
- いい人材が来ない

⋮

⇒ しかし

各社、事情が違う

（同じ課題でも各社の解決法が違う）

- 企業文化が違う
- スタイル、生き方、技術力、商品力、人材、業界事情、ライバル、顧客、ネットワーク etc

<図-8>

依頼の本質をつかんで欲しい 3 「悩みの質が変わった」問題の根っこを見つけて！

いいプランニングとは、相手の課題を解決することにあります。そしてそれは、相手の悩みの本質を探り当てられるかどうか、にかかっています。依頼主は、何か問題があり悩みがあるから依頼してきます。自らの手で、また社内で解決できるなら依頼はしてきません。

もちろん、相手の悩みを察知して、こちらから提案することもあります。これも、ほんとうに相手の痛いところを突いたかどうかで、提案は決まってきます。

解決したい。それは、どこからどう進めることで、解決の道へたどりつくのか。「**売れるアイディアを！**」という依頼主の、売れない悩みとは何なのか。

部分だけ見ても分かりません。引いて見てみる。世の中と、市場と、生活者と、いろいろな角度から照らし合わせ、悩みの根幹を見つけます。売れない原因を探っていくと、味の好みが動いていたり、ターゲットの向きが変わっていたり、**本質的なアプローチの違いに気づいてきます。**しかし、依頼主にとって社内的判断だと、どうしても客観性に欠けることも…。そこで第3者の冷めた眼で探りを入れる必要があります。私たちは主治医の気分で（3章−9）、相手に質問を投げかけていきます。そもそもどこが不満なのか。どうなるといいのか。きわめて本質的なことを聞き、悩みの根っこを探り当てます。

最も大変で重要なのは、悩みの本質を探し出すことです。だから正しく考えられます。こんがらがった糸を少しずつほどいていく。そこに1本の糸口を見つける。そこに光を当て、次のプロセスへ。本質の部分での共感性があるから、「**納得**」が生まれてきます。

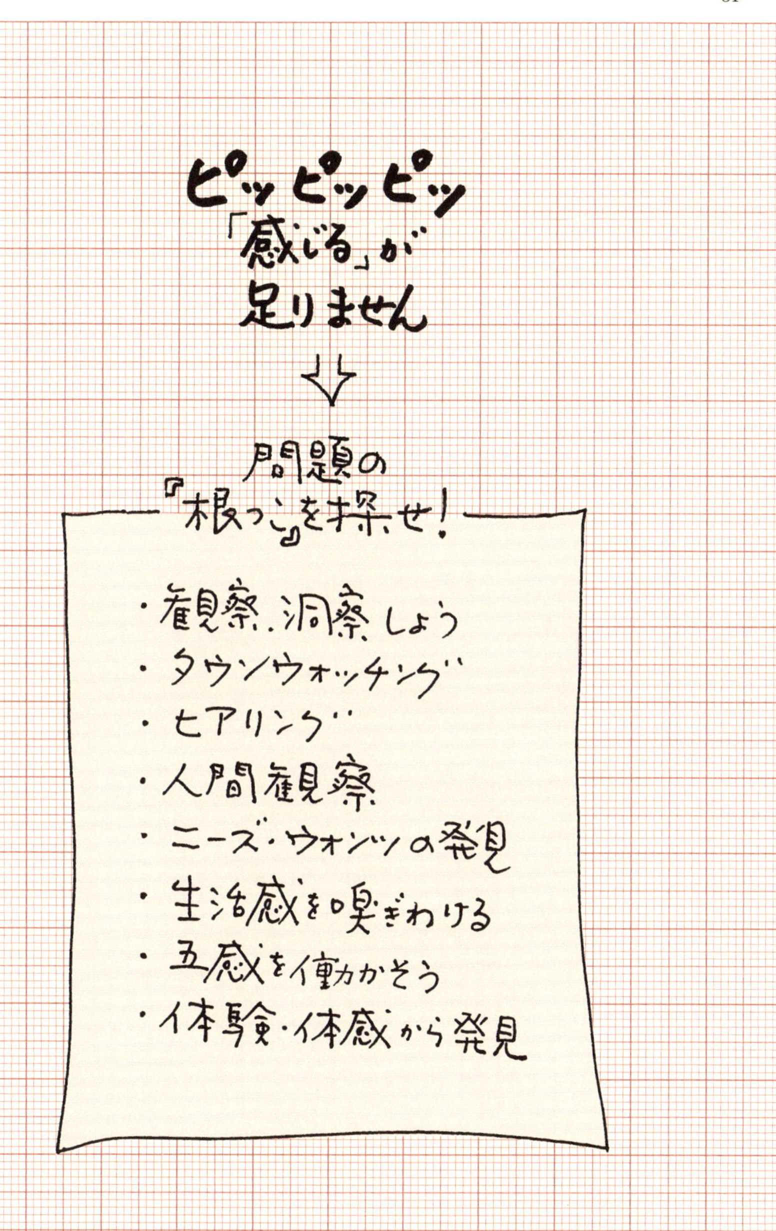
ピッピッピッ
「感じる」が
足りません
問題の
『根っこ』を探せ！
・観察、洞察しよう
・タウンウォッチング
・ヒアリング
・人間観察
・ニーズ・ウォンツの発見
・生活感を嗅ぎわける
・五感を働かそう
・体験・体感から発見

〈図-9〉

明解なコンセプトが欲しい 4 「何をしたいのか」「どうなりたいのか」「どこに向かうのか」

不確かでやっかいな時代です。モノ余りで、好き嫌いが100％通る社会ですから、どこに人の価値観があるのか。その上、情報は無尽蔵にある。どうしたものか、と思うところに次々と新しい動きが、現象として起こってくる。例えば、よく言われている「女子力男子」（料理、美容など女性の得意な分野の力が備わっている男性）。優しくて穏やかでまじめ。スイーツ、ファッション、美容に関心が高い。競争より調和を好み、恋愛にがつがつしない。デートも自宅で過ごしたい。お金の使い方は堅実という。最近は男性用メイクのカルチャーも生まれているのです。

片や女性にも大きな動きが…。女性の83％が「オス化していると思う」（20代〜30代未婚）と答えています。そこにはおやじギャルを超えて「肉食女子」が。男をはずして「女子会」「山ガール」「鉄子さん」が。こうした男と女が入り交じって、ユニセックス的な商品やサービスへと動いていく…。

もはや平均的な日本人なんていません。特殊な日本人が集まってできているだけです。

いま一番やっかいなのは、先が見えない、読めないことです。そこでプランニングには、明解に方向を示して欲しい、新しいコンセプトを提示して欲しい…。ここがキーとなります。＜図-10＞で三菱自動車が新しい方向を示したように。コンセプトは、世の中の関心事に合わせた、新しい価値観を創り出すことです。この時代の企業とは、事業とは、商品とは、どのようなコンセプトを掲げることで存在価値を認められるのか。明確なコンセプトがあって、すべての生き方、行き方にブレがなくなります。あらゆる行動指針としてのコンセプトが立ってはじめて、ものごとはスタートします。

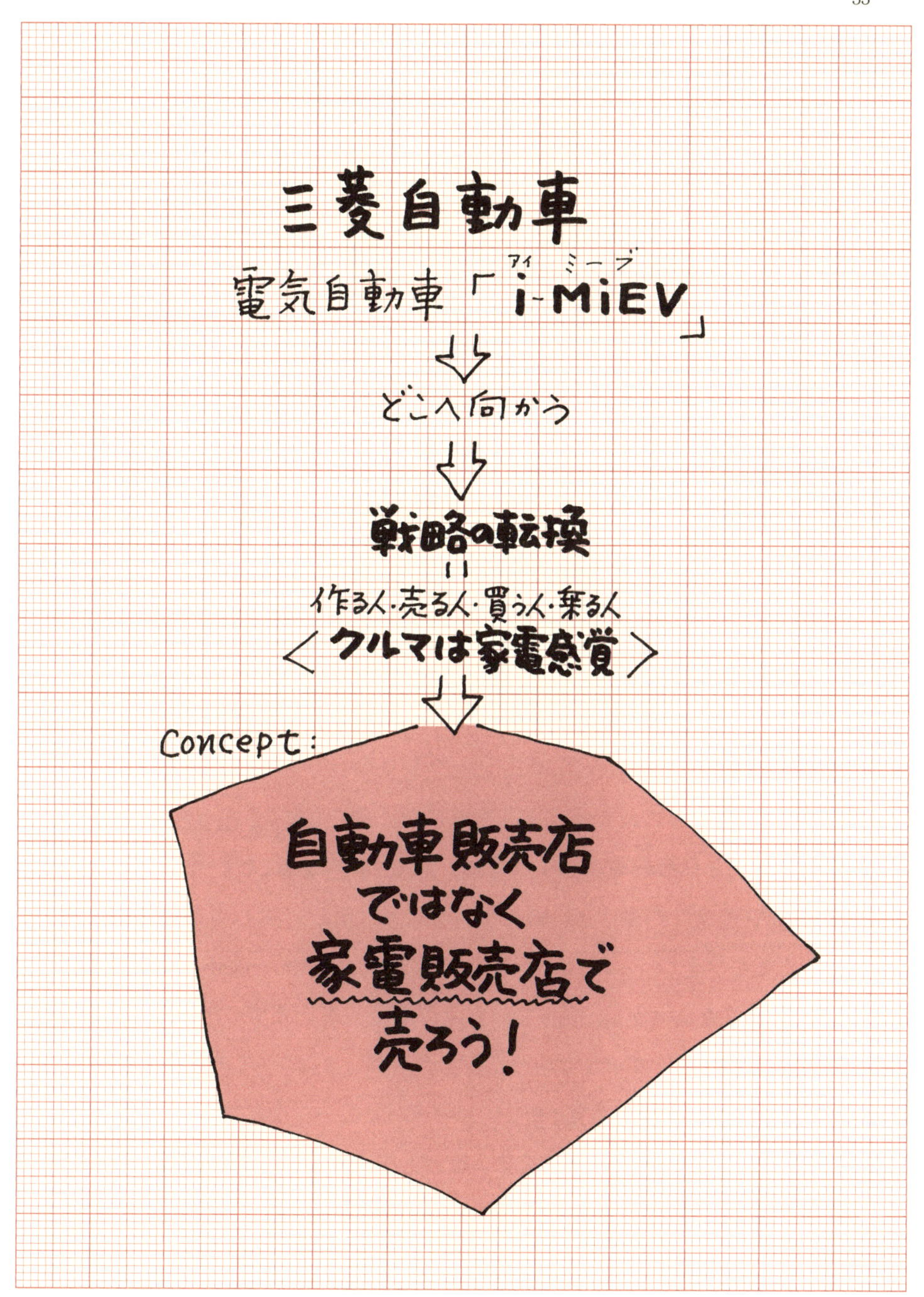
三菱自動車
電気自動車「i-MiEV」
アイ ミーブ
どこへ向かう
戦略の転換
作る人・売る人・買う人・乗る人
＜クルマは家電感覚＞
Concept:
自動車販売店
ではなく
家電販売店で
売ろう！

＜図-10＞

個性的であって欲しい 5 これは、ホカと違うものか これは、人が感動するものか

課題解決の提案は、ぜひ個性的であって欲しい。差違化がはっきりしていて欲しい。当然、依頼主はこう望んでいます。いかにホカとの違いを創って競争力を高めるか。いや、もっと欲をいえば差違化することで、競争の土俵にライバルを立たせないで済ませたい…。プランニングというスタートラインが違えば、つねに優位に立てます。

ファストファッションの価値と楽しさを、いち早く市場に導入し定着させた「ユニクロ」。「トクホ」の先陣を切った花王ヘルシアは、「トクホ効果」をコアに、お茶からコーヒー、ノンアルコールビールと、この付加価値を磨き続けています。この商品を選ぶとエコになる、とペットボトルの軽量化を図り、環境という新しい基準で飲料水を売る日本コカコーラの「い・ろ・は・す」など、差違化の視点で競争を有利にしています。

モノ余り社会では、競争環境やルールが次々と変わり、「個人」が主役の時代へ。その中でどうやって異質なものを見つけ、新しいアプローチにつなげていくかが問われてきます。それにはまず、**「創造は破壊することから始まる」といわれるように、考える姿勢を変えることです。**つねに今ある習慣や概念、約束ごと、制約を打ち破り、新しい関心事を探し続けます。ここでキワをつくってはオリジナルは生まれません。前述のユニクロも花王も日本コカコーラも、立っている位置を変えています。だからオリジナルになっているのです。キワをつくらずボーダレスに。そして、変化に合わせるのではなく、**「変化を創る」**ことに姿勢（<図-11>をヒントに）を変えればすべての行動が変わってきます。ホカと違うものか、人が感動するものか、は、1人1人の考える姿勢で決まるのです。

『アイディア エコノミー』になろう。

変化に合わせるのではなく
「変化を創る人」へ

1. 好奇心 ― 何でも気になる、気にする、むすびつける
2. フットワーク ― 現場が最先端。アイディアはここに
3. 知識の集積 ― 情報の質と量。そして異質な組み合わせ
4. 感性を磨く ― 五感のフル活動。知るより感じる人に
5. 論理を磨く ― あいまいな世界のロジック化。納得へ
6. 社会争点に関心 ― 仕事は課題解決。社会をはずせない
7. テクノロジー ― 技術の進化が創造性を刺激する
8. コラボレーション ― 革新への強力な手法。オープンイノベーション
9. 全体との関連性 ― つねに鳥の目、戦略的、統合的視点
10. 喜びの共有 ― 相手がいてビジネス。人の喜びを自分の喜びに

〈図-11〉

戦略的であって欲しい

6　いま「点」でなく、「面」の提案が効く

「悩みの質」が変わりました。それも複雑にからみ合って…。売れない理由だって単純じゃないのです。そこでいろいろな要因を探り出し、1点1点つぶす手もあるでしょうが、それは本質に触れることにはなりません。部分部分の改善・改良では解決できなくなっています。ですから<図-12>のように、点ではなく面で解決するのです。面とは仕組みとか戦略とかシステムとか、全体で強みを発揮させることです。資生堂「TSUBAKI」も、トイレタリー市場で戦うのではなく、資生堂というブランド戦略の一貫として戦うことで、相乗効果を生み、トップシェアを奪いました。激しい戦いが続く第三のビール（ビール風味飲料市場）で、サントリーの「オールフリー」は好調を持続。厳しい市場の中で、単なる味の競争に入らず、3つのゼロ（アルコール、カロリー、糖質）と味を両立させた品質と、ターゲット（40代の女性）を変えることで新しい需要をつくる戦略が効きました。その結果6割が女性客、と狙いどおりです。激しい競争の中で部分部分で戦うのではなく、一度引いてみる。そして新しいコンセプトと全体戦略で、悩みをプラスに変えていくのです。

いま依頼主が求めるプランニングの悩みは、**「これで人は動くのか」「モノを買うのか」「人は信じてくれるのか」「人は惚れ続けてくれるのか」**と、入り組んでいる。その解決には全体で動かす仕組みまで計算されていないと不可能です。こうしたニーズに対応するには、どうしてもマーケティング発想が欠かせません。全体を読み、先を読み、結果、人が動いていく…これがプランニングの醍醐味です。

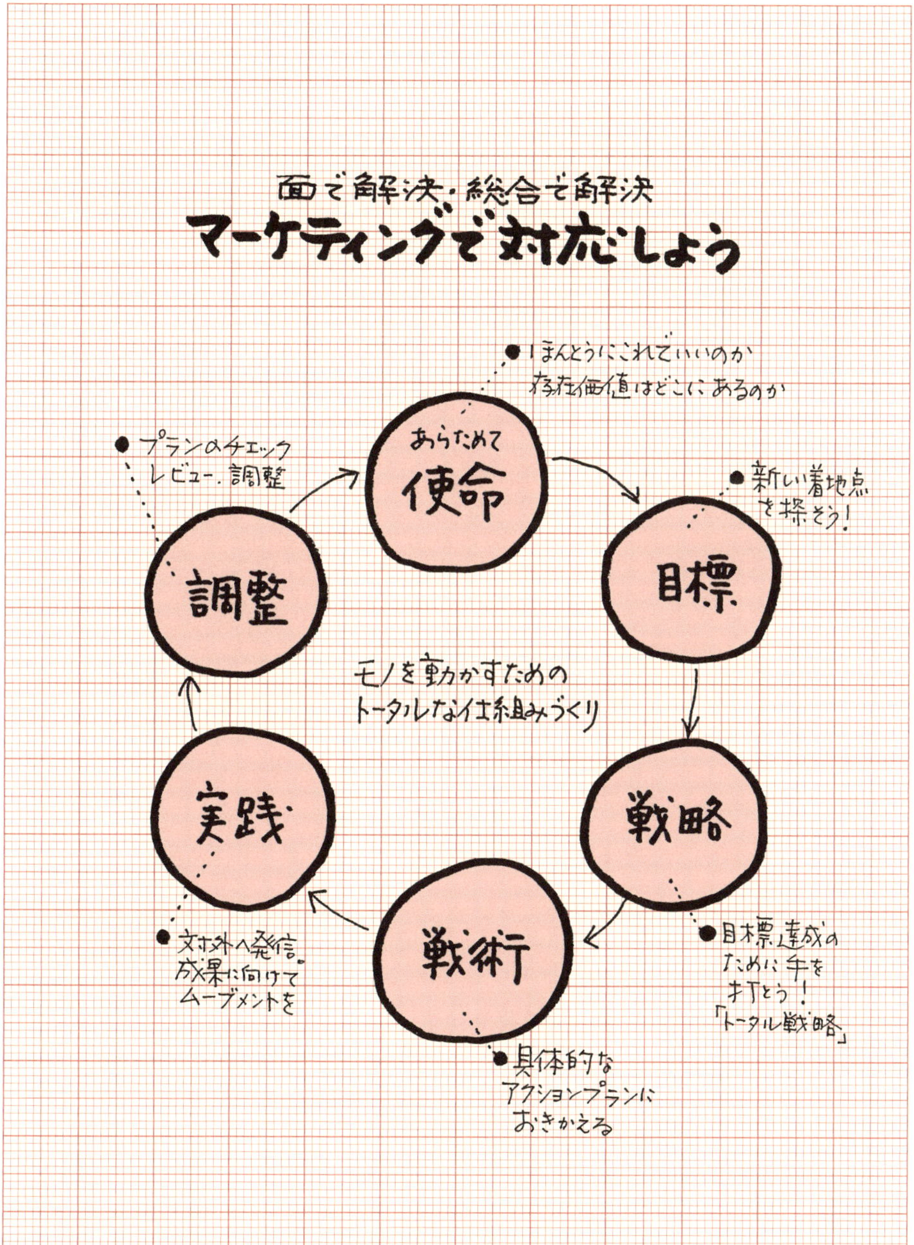

面で解決・総合で解決

マーケティングで対応しよう

●ほんとうにこれでいいのか
存在価値はどこにあるのか

あらためて
使命

●新しい着地点
を探そう！

目標

戦略

●目標達成の
ために手を
打とう！
「トータル戦略」

戦術

●具体的な
アクションプランに
おきかえる

実践

●対内外へ発信。
成果に向けて
ムーブメントを

調整

●プランのチェック
レビュー、調整

モノを動かすための
トータルな仕組みづくり

〈図-12〉

新しい可能性を切り拓くには、クリエイティブが不可欠だ

空中にパッと1枚の絵を描いてくれるアートがかった人がいると、チーム作業は一気に進み始めます。熱気を帯びてきます。課題だらけでグニャグニャした悩みが、スーッと消えていく…。こんなイメージの、こんな世界観の、たった1枚の絵ですが、チームの脳は全開になります。よく言われているイマジネーションマネジメントです。複雑にクロスオーバーした中から、方向性を示す仮説、イメージを1枚の絵にします。<図-13>

プレゼンテーションは相手の頭の中に、1枚の絵を投影することにあります。頭の中に絵が描けなければ、プランニングは失敗。**絵がどう動き、どう人と関わっていくか、次のストーリーにまったくつながらないからです。**私はロッテのビスケット新発売のプランニングで、こんな絵を空中に描きました。(<図-35・36>参照) フランスの片田舎に住んでいる「ミシェルおばさん」。小麦畑に囲まれた一軒家で、ミシェルおばさんご自慢のビスケットづくりが始まっている。代々伝わる石窯から香ばしい匂いが漂い、早くも孫たちの歓声が起こる。

この1枚の絵があると、商品名もカテゴリー名も、イメージキャラクターも背景も、スローガンもメッセージも、次々に決まっていくのです。いま、ビジネスは混迷をきわめています。**知識だけではビジネスはできません。**一見バラバラな概念を組み合わせ、新しい概念や構想を生み出すことを求められているのですから。知識や論理や分析に強い左脳だけに任せるわけにいきません。右脳思考…クリエイティブの出番です。ロジックを越えた先に、感性で物語やイメージを描き、新しい価値観を発見し、カタチにしていく創造力です。プランニングから絵が見えてくるか。企画の良し悪しの大きなポイントです。

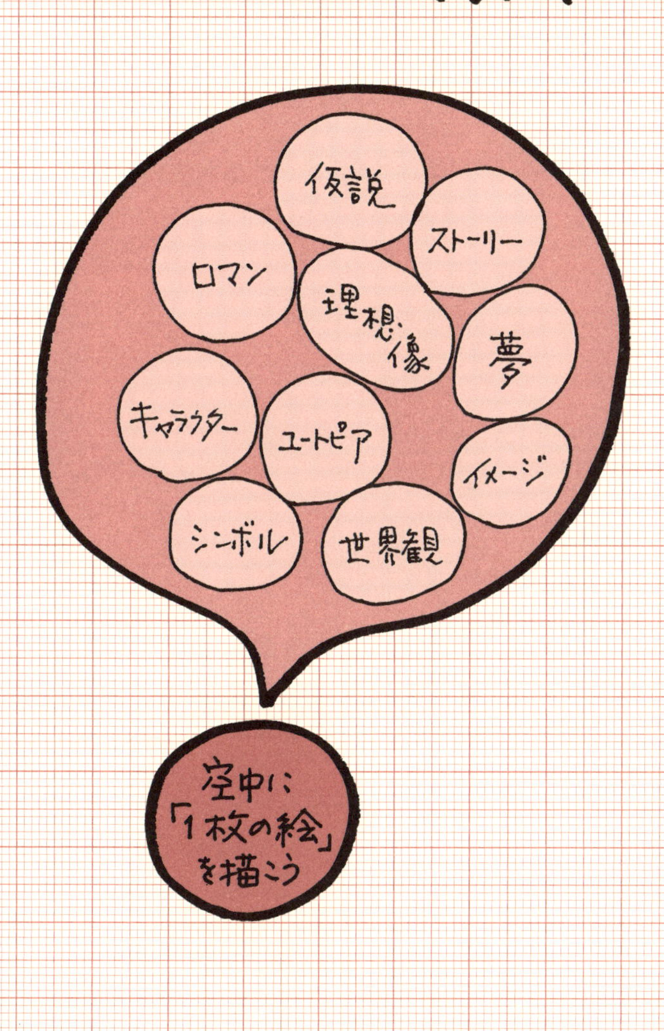
イマジネーションマネジメント
仮説
ストーリー
ロマン
理想像
夢
キャラクター
ユートピア
イメージ
シンボル
世界観
空中に
「1枚の絵」
を描こう

＜図-13＞

感動させる力が欲しい 8 感性でもっと強い絆を。アナログがキーとなる

アナログをもっと攻撃的な戦略と考えよう。プランニングだって、ありがちなパターンより、**あなたのリアルな感情の方が、断然、響きます。**いま求められている個性化のマーケティングには、アナログが不可欠と考えてください。

いまの世の中、こんな動きが気になります。

①モノ余り社会は、高品質だけでは価値はありません。そこに人間の生き方、暮らし方の提案を含めて付加価値がないと消費者は手を出しません ②モノはいい。しかし「私、好みじゃない」「好きじゃない」。高品質の上に好きをどうつくるか。人間の洞察力が求められています ③明解なロジックの上に、味わいが欲しい。心の中にストーンと落ちてくる理屈ぬきの感覚がエネルギーとなってきます ④理屈だけで攻めても、心はうなずかない。「分かる」ということと「買う」ということの間には、相当大きな川があります ⑤企業や商品、サービスすべての存在の中には、感動という軸があり、それを発見し引っぱりあげて提案することが進められています。

〈図-14〉の無印良品は、早くから感性を戦略化した商品であり、企業です。いまデジタル化の進歩とともに、アナログが求められています。「IT化＝均一化＝みんなと一緒」では、当然あきられてきます。自分の居場所が、自分らしさが、なくなってくるからです。みんなと一緒が一番安心という人もいます。しかし、人の満足は、最終的に心の満足です。真の豊かさを得るために、楽しみを創り出していくために、感性が必要です。

デジタル化の変化変革はとどまることを知りません。しかし、これからの差別化の素、競争力の素は、アナログで感動させる力、好きにさせる力を増幅していくのです。

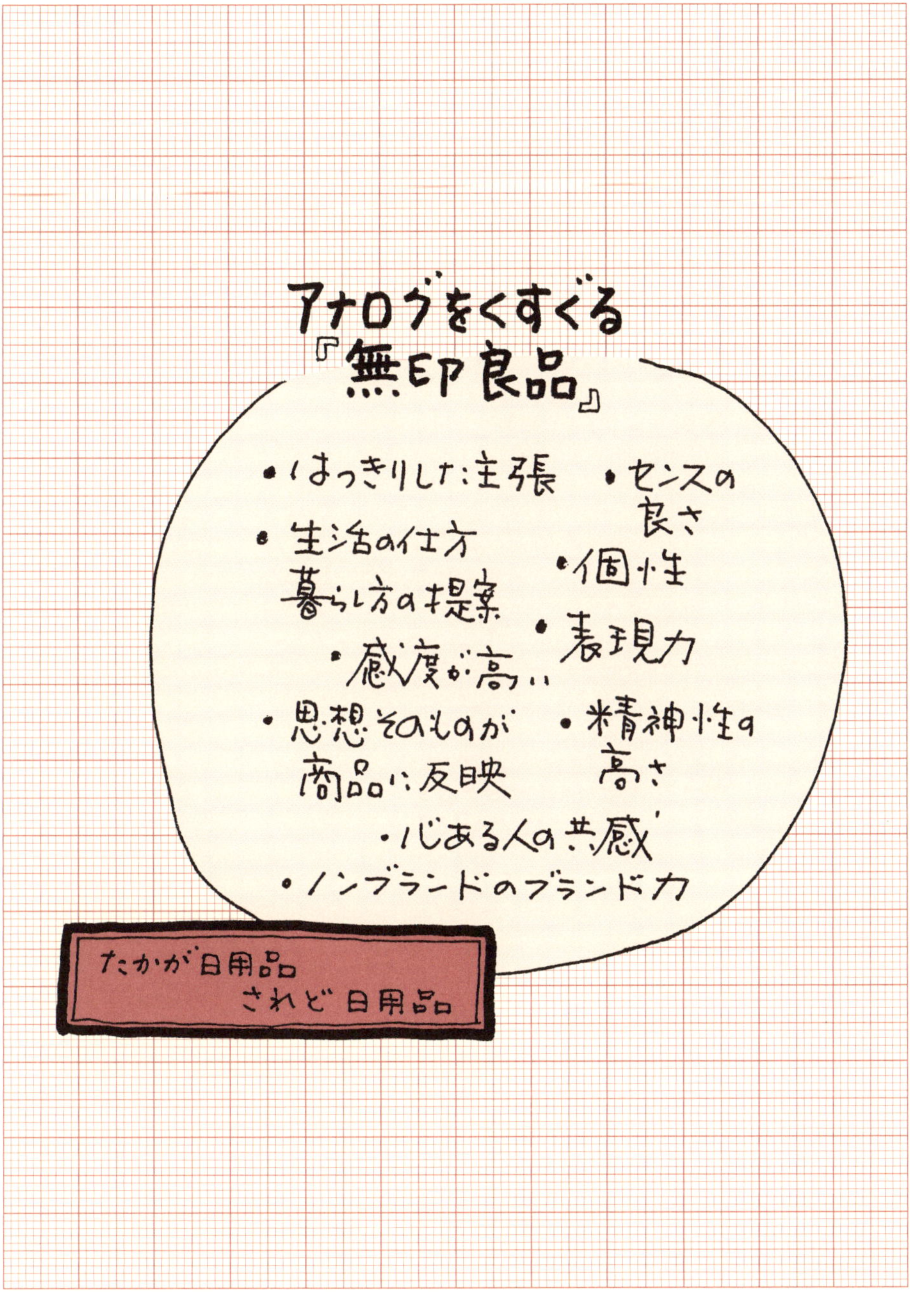

アナログをくすぐる
『無印良品』

・はっきりした主張
・センスの良さ
・生活の仕方
暮らし方の提案
・個性
・表現力
・感度が高い
・思想そのものが
商品に反映
・精神性の高さ
・心ある人の共感
・ノンブランドのブランド力

たかが日用品
されど日用品

〈図-14〉

ゴールは、「先につながるか」「ブランドにつながるか」

プランニングは、2つの目的を同時に達成することが理想だと思います。①課題を解決すること ②解決しながらイメージを残すこと。この2つでワンセットです。

広告業界にいた私にとって、広告は経費でなく投資。これは広告が世の中に出て一瞬で役目を終えるのではなく、モノを売りながらイメージを残していくということです。このイメージが累積され、企業の資産となり、すべてのビジネス活動をやりやすくしていく…。瞬間の打ち上げ花火のように散るのではなく、ブランドイメージにつなげていきます。このような意識の積み重ねこそ、揺るぎない企業ブランド力となっていきます。プランニングも同じです。人、コスト、時間をかけて依頼主は実施するのですから、それに見合ったイメージが残ることを期待しています。**どんな小さなテーマであろうとも「ブランドにつなげてやる！」という意識**を忘れないで欲しい。

創業480年の和菓子屋「虎屋」の歴史は、そのすべての企業活動がこうした考えの持続でなされてきたのでしょう。売る・稼ぐだけを必死にやっているようでは、こうはいかない。「和菓子を通して日本の四季文化を守りたい」と、商品もサービスも情報も店舗も文化活動も、このビジョンに向けての商いだったのでしょう。どんな小さなプランニングも、先につなげるという意識…その累積がブランドイメージです。

ブランドとは企業と顧客の間にある信頼の証です。顧客が持っている企業イメージであり、あくまでも判断基準は顧客にあります。それだけにブランドイメージをつくるのには尋常ではありません。〈図-15〉にあるようにすべての企業活動で、「先につなげる」「ブランドにつなげる」という意識が不可欠です。

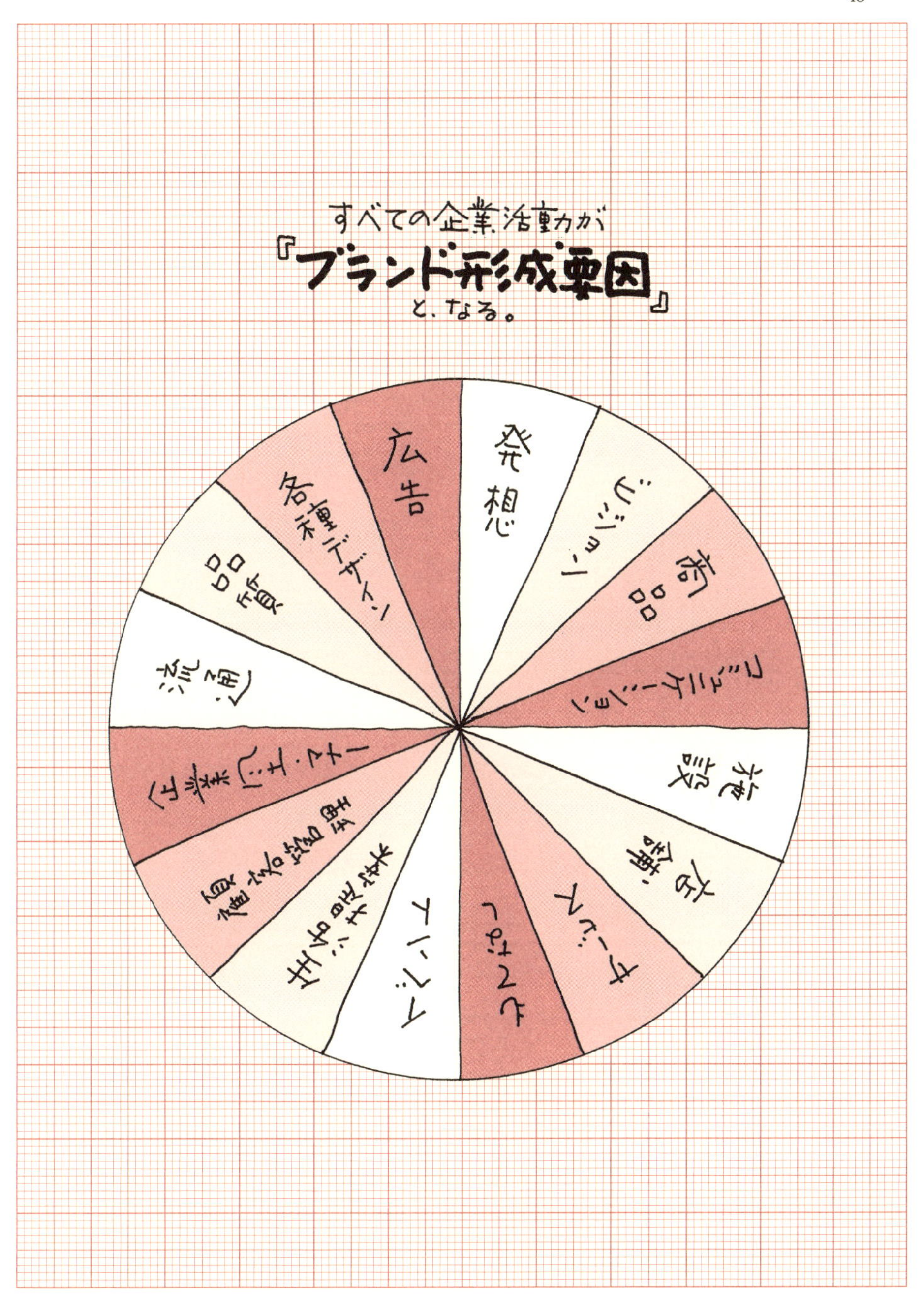
すべての企業活動が
『ブランド形成要因』
と、なる。
広告
発想
ビジョン
商品
コミュニケーション
施設
店舗
サービス
もてなし
イベント
生活提案
顧客管理
流通
品質
各種デザイン

〈図-15〉

想いの熱い人であって欲しい

10 求めているのは、企画書の裏にいる「あなた」です

創造性はつねに個人にゆだねられている。ということは逆に1人1人の能力が生きる時代でもあり、個性を売り込むチャンスでもあるのです。そしてビジネス社会では、人間の質が競争力に大きく関わってきます。**プランニングしている人の力量やキャラクター、熱意、企業に対する想い入れやこだわりなど、人間の総合点が問われています。**私も上司の下で企画を考えている時と違い、依頼主の中に深く入るほどに全人格を問われていくことにもなっていきました。企画書にまとめるとは、取材し、整理し、考え、表現し、カタチ（商品）にする。そしてプレゼンテーションで相手に想いをぶつける。企画する人が裸にされる瞬間です。依頼主は見ています。企画という正解のない、あいまいなものにお金を払う側は、提案する人の考え方、取り組む姿勢、提案するアプローチの新しさ、能力、性格、強い熱意などトータルで判断しようと考えています。そして、この人と一緒にパートナーとしてやっていけるのか。この状況の中で正しくリードしてくれるのか。願わくは能力も含めいい人材であって欲しい…と。＜図-16＞はNECのプレゼンでの話です。「企画にパーフェクトはない」と話し始めたディレクター。ABCの3案を取り出し、A案、そしてB案、C案のプラス・マイナスを説明し、いまNECが置かれた状況の中でB案がベストであること。そしてマイナスのリスクをこう変えていくべきである、とプレゼンし、彼は人格も含めて絶賛されました。

「けっして企画に絶対はない」。その前提で考える企画力と誠実さが認められたのでしょう。一緒にパートナーとして持続成長できる提案者でいたいものです。

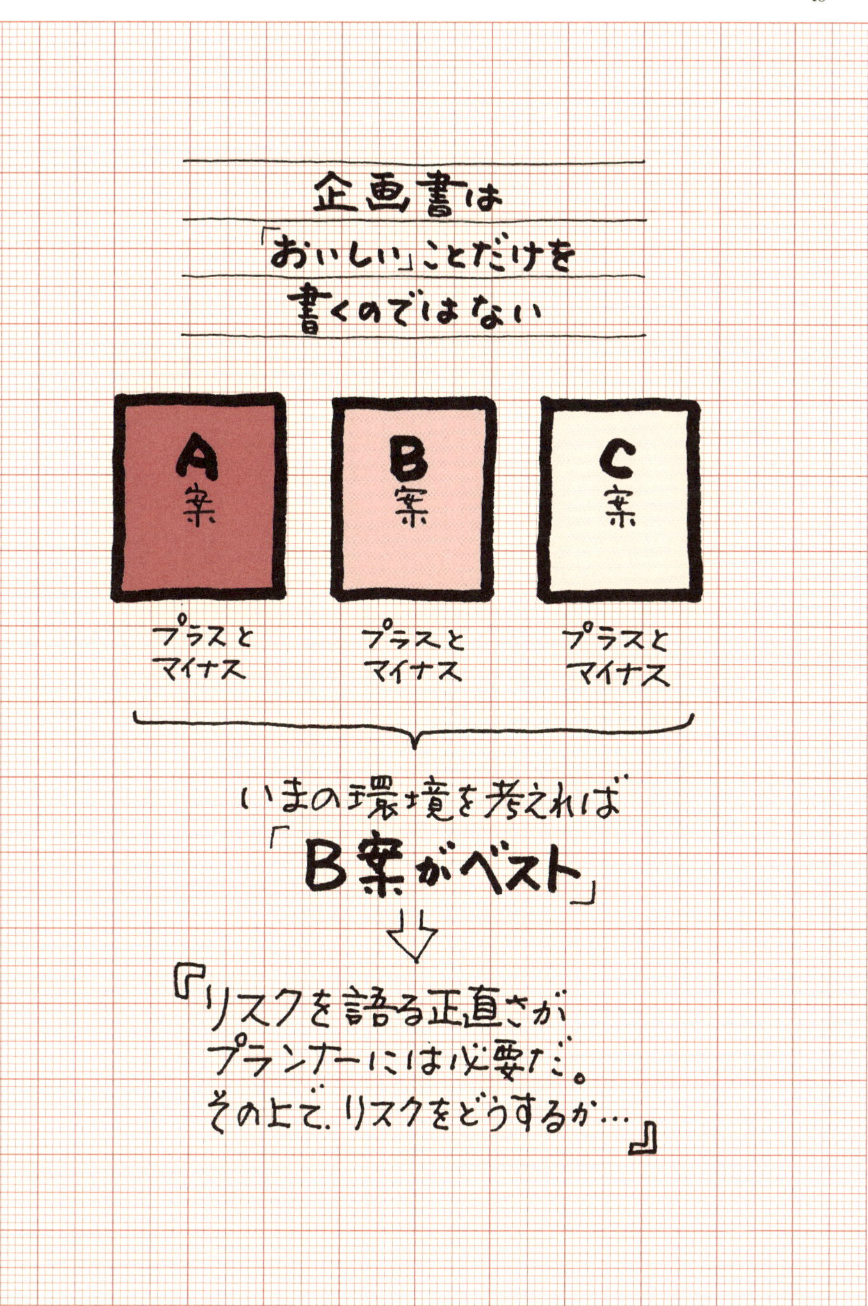
企画書は
「おいしい」ことだけを
書くのではない
A案
B案
C案
プラスとマイナス
プラスとマイナス
プラスとマイナス
いまの環境を考えれば
「B案がベスト」
『リスクを語る正直さが
プランナーには必要だ。
その上で、リスクをどうするか…』

〈図-16〉

第3章

プランニングに欠かせない原理・原則

発想の真理 1 「いかに考えるか」は、「いかに生きてきたか」

原理・原則の一番は自分にあります。どうあがいても**発想は、自分の持っているものの中からしか生まれません。**これは真理です。

手に入れた情報や知識、そこから生まれる知恵、五感を含む感覚、育ち磨かれたセンス、そして積み重ねた経験知、人格などなど、すべて身体を通してひねり出してくるものです。いかに考えるかは、いかに生きてきたか。実はとても人間性を問われているのです。

その上、プランニングでは人と違う答えを出すことを求められています。知識で正解を出すこととは違います。

①創造とは、「ホカにない新しいものを生み出すこと」「人と違うものを創り出すこと」です。自らの独自の視点がキーとなることで価値を認められ、評価されます。

②創造には正解がありません。当然、正解の解き方のハウツーも教科書もありません。その人の持っている経験から生まれた発想が、どこまでリアリティを持つか、にかかっています。相手だって正解を持っていないのですから、ここでテーマに肉薄し、強い想いとこだわりをぶつける。「そうそう、そういうことだよ」「これならいける」「そこまで考えたのか」と、相手の期待を超えることでしか、正解に近づけません。

③ビジネスは人間でできています。考える、作る、売る、買う、使う、すべて人間の信頼で成り立っています。相手も生活する人間です。

プランニングでは、考える人の総合力が問われています。人と違うモノの見方、人との接し方を経験し、自分が成長することで、オリジナルへの可能性が広がっていくのです。＜図-17＞にある水面下の大きさがものを言います。

『企画は考える人の総合力』

発想！

持っているものの
中からしか、
発想できない。

「考える人」の

情報、知識、社会性
感性、価値観、人柄
テイスト、性格、知恵
五感、趣味、モチベーション
etc

＜図-17＞

創造力は、情報の組み合わせ能力

「アイデアのつくり方」の著者、ジェームス・W・ヤング氏は、アイディア創造の原理は①アイディアとは、既存の要素の新しい組み合わせである。②新しい組み合わせは、事物の関連性を見つけ出す才能に依存する。

と言っています。もう何度も手にした本ですが、まさに真理です。そして、そのアイディアは「自分の持っている情報にしばられる」というのが前提です。インプットがないとアウトプットはありません。インプットした情報から自らの力で、新しい関連性を生み出していかなければなりません。情報は独創の素です。情報の中に新しい視点や発想のキーがあります。しかし情報そのものだけでは価値を生みません。**独創的なアイディアを生み出す原動力は、新しい組み合わせにあるのです。**これまで無関係と思われていたものの間に、関係性を発見する…。新しい意味を生み出す。新しい価値観を創り出す。**「創造力は、情報の組み合わせ能力だ」**といわれるゆえんです（ご参考までに「私のプランニング」＜図-18＞）。

変化の時代であるいま、流動性がキーになってきています。時代は固定したものではありません。習慣や価値観は揺れ動いているのです。揺れ動く中で手にする情報を組み合わせ、いかに価値あるものを創り出せるか。その人なりの視点と感性が問われています。①激しい競争市場の清涼飲料に成人病の情報を入れて〈特定保健用認定飲料〉へ ②コートに花粉情報を組み合わせ〈花粉プロテクトコート〉に ③楽天と日本郵便がコラボし、ネットで購入した商品を郵便局で受けとる〈はこぽこサービス〉④生活革新をテーマにIoTは進化し、腕時計×情報端末で着飾る〈アップルウォッチ〉の流行など、新しい関係性を発見することで時代の先を走れるのです。

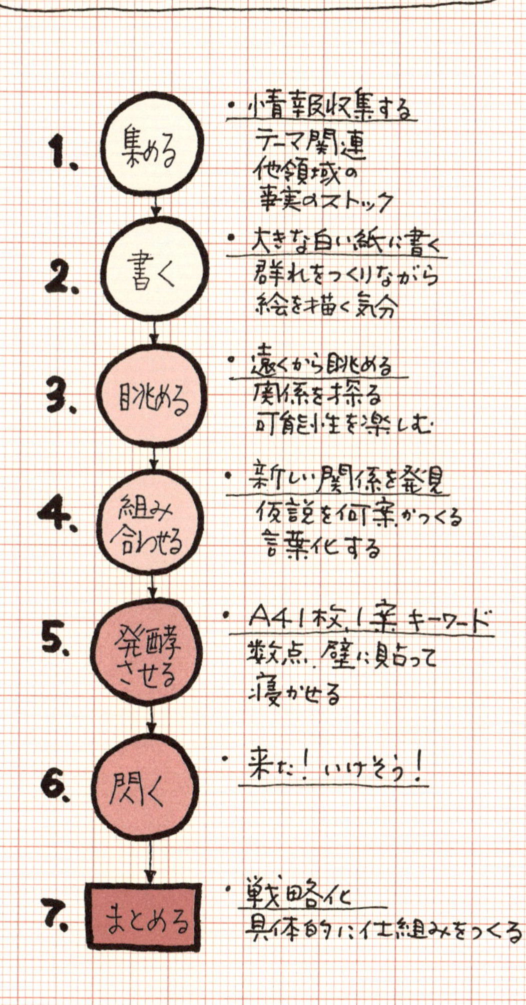
私のプランニング
1.
集める
・情報収集する
テーマ関連
他領域の
事実のストック
2.
書く
・大きな白い紙に書く
群れをつくりながら
絵を描く気分
3.
眺める
・遠くから眺める
関係を探る
可能性を楽しむ
4.
組み合わせる
・新しい関係を発見
仮説を何案かつくる
言葉化する
5.
発酵させる
・A4 1枚、1案 キーワード
数点、壁に貼って
寝かせる
6.
閃く
・来た！ いけそう！
7.
まとめる
・戦略化
具体的に仕組みをつくる

< 図-18 >

プランナーの基本姿勢

3 「WHAT」と「HOW」の2本の軸足

ビジネス社会では、毎日のように「考えろ！」と言われ、考えること自体が仕事の目的です。しかし考えるとはどういうことか。どこからどう始めたらいいのか。誰も教えてはくれません。あらためて現場人間の体験を通して、「考える姿勢」と「考え方」のヒントを提案してみたい…。企画の目的、内容、レベルを無視して、ごく一般的な原理原則をフローで語ってみました。（第3章－3～10）

まず初めに「WHAT」と「HOW」を定義した＜図-19＞を見てください。ビジネスの創造作業の基本構成は、この2つで成り立っていると思うのです。よくビジネスの現場でもいわれる「キミは何が言いたいのか」そして、「どうやろうとしているのか」です。とくに「何を考えているのか」「どうしたいのか」、方向を見つけていないWHATの意識不足が気になります。ここの発見が核となり、すべての行動が集約されパワーとなっていきます。戦略のないアウトプットはありません。すべての創造作業はこの発見から始まります。効果的なプランニングは、ここにどれだけのエネルギーをかけたかで決まります。オリジナルな「WHAT」があるから、オリジナルな「HOW」に発想は広がる。まずは大きな夢を見ること、大きな約束をすることです。「WHAT」とは、新しいか／ユニークか／オンリーワンか／似ていないか／魅力的か／求心力があるか／面白いか／自分らしいか／得になるか／競争力を持つか…。

この「WHAT」を核に「HOW」をどう展開するのか。この2つの統合が、総合戦略の骨組みになっているのです。次ページ以降の作業フローでは、もう少しプランニング作業の工程を分解してみます。

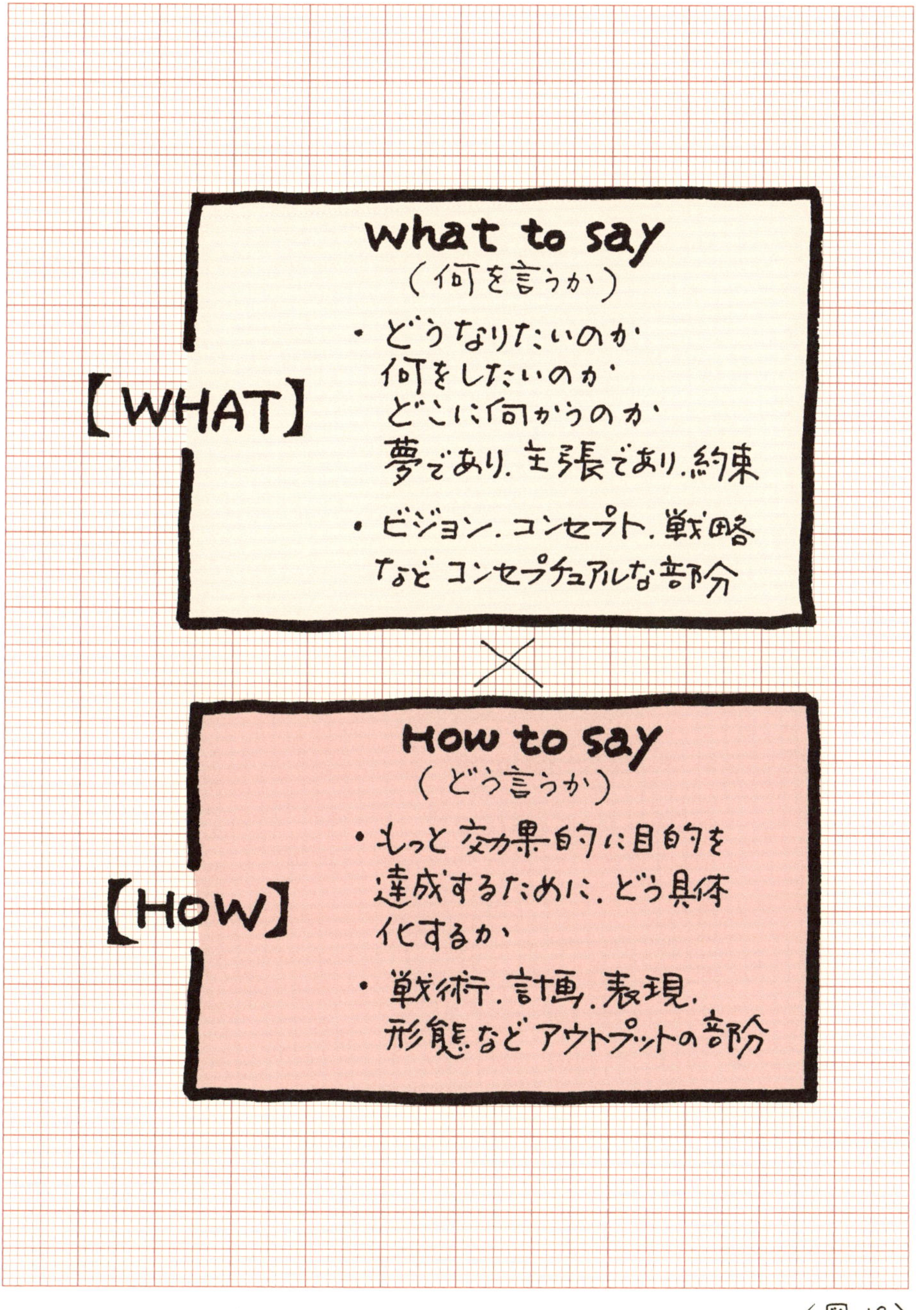

【WHAT】

what to say
（何を言うか）

- どうなりたいのか
何をしたいのか
どこに向かうのか
夢であり、主張であり、約束
- ビジョン、コンセプト、戦略
などコンセプチュアルな部分

×

【HOW】

How to say
（どう言うか）

- もっと効果的に目的を
達成するために、どう具体
化するか
- 戦術、計画、表現、
形態などアウトプットの部分

〈図-19〉

プランニングの3分割法

私たちのビジネスの大半は課題解決だといわれています。つねに足元を見ながら「もっと改善を」「もっと改革を」と背中を押されている…。日常業務からマーケティングや経営課題にいたるまで、一瞬たりとも同じところにいることを許されません。世の中が大きく揺れ動いているわけですから、変わらないわけにはいかないのです。こうした状況の中で、**種々の課題解決する時に思い浮かべるのが、「蝶ネクタイ」の形です。**プランニングの3分割法と名づけ、3つのステップと作業内容を図解してみました。

(A) は〈情報収集〉。この幅の広さは情報の量を表します。ここで許すかぎりの量を集めます。情報は集まれば集まるほど全体像が浮き彫りにされ、何が問題かを発見するのにブレがなくなっていきます。テーマ周辺から他領域の情報まで、物理的な時間をかけます。それはあくまでも、悩みの本質を発見するためと、アイディア構築のためです。(B) は〈課題発見〉。ここでは情報をギューッと絞り込み、核づくりをするステップのため、極端に狭まっています。本質を見きわめコンセプトを明解にする…企画の中心点です。ここで何をするのがベストかを発見します。(C) は〈課題解決〉。コンセプトを具現化し、アイディアある行動計画が実行されていきます。世の中に効果的に定着するために、あらゆる機能をフル活動。徹底して企画の意図を伝えるために、販促やキーワード、タイミングなどの統合型になっていきます。全体から個へ。個から全体へ。広げて (情報収集)、絞って (コンセプト)、広げて (実行計画)、トータルプランニングが実行されていく…。プランニングとは行動があって初めて成立するのです。ビジネスの基本型としても憶えておいて欲しい〈蝶ネクタイ〉です。

プランニング3分割法

いま、
世の中は、市場は、競合は、顧客は、
流通は、生活者は、トレンドは、価値観は、

その、
戦い方は、方法は、売り方は、販促は、
キーワードは、タイミングは、時間は、コストは、

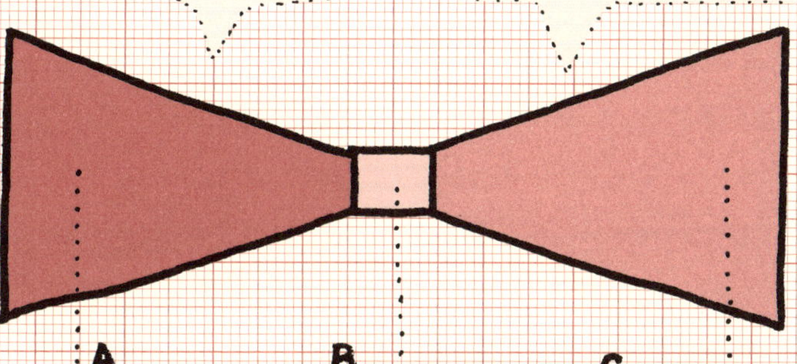

A 情報収集

全体把握
分析・判断
イメージを描く
（好奇心、独自の視点、視野の広さ）

B 課題発見

絞り込み（順位づけ）
切り口探し
コンセプト発見
（問題意識、洞察力、社会性、本質を見きわめる）

C 課題解決

アイディア構築
仕組みづくり
アウトプット
（全体設計、戦略、統合力）

〈図-20〉

毎日の悩み解決 5 「プランニングサイクル」を回す

プロジェクトだ、戦略だ、キャンペーンだ、などという大仕掛けの仕事ではないが、日常業務の「考える作業」でぜひ身につけて欲しいのがプランニングフローです。いま企業の中で一番やっかいなのは、**「何が問題なのか」「どこが問題の根っこなのか」が見えないことです。**ようするに悩みの本質がつかめない。こういう状況の中で、的をはずさずプランニングするための5つのステップです。

<図-21>にあるように①いま何が問題か ②それはなぜ問題なのか。ここを徹底して探ることに比重を置いています。

売上げが落ちる、シェアも下がる、人気もいまひとつ。その悩みの本質がつかめないかぎり、次のステップへは行けません。例えばターゲットの味の嗜好が変わっていることを突きとめる…そこで新しい目標設定へ進めます。このスタートがカギを握ります。アメリカのある広告会社では、発見の旅というレッグワークの情報収集をします。新しい仕事には3週間のレッグワーク。「課題を取り巻く状況を完全に理解するまでは、アイディアのひとかけらも心に浮かばないように、きつくいましめている。そうしないと事実に適したキャンペーンを考えるというより、キャンペーンに事実を合わせてしまう」と、情報収集に時間を割いています。私たちも徹底した情報収集あっての、課題発見・課題解決です。足元に情報が集まるほど、全体が見えて、何が必要なのかが見えてくるものです。相手を想い ①どこにあるのか ②なぜそこにいるのか ③どうなるといいのか ④そのためにどうするか ⑤結果どうなっているのか。言葉は変わっても、相手とキャッチボールする感覚でプランニングサイクルに深く入り込みたいものです。

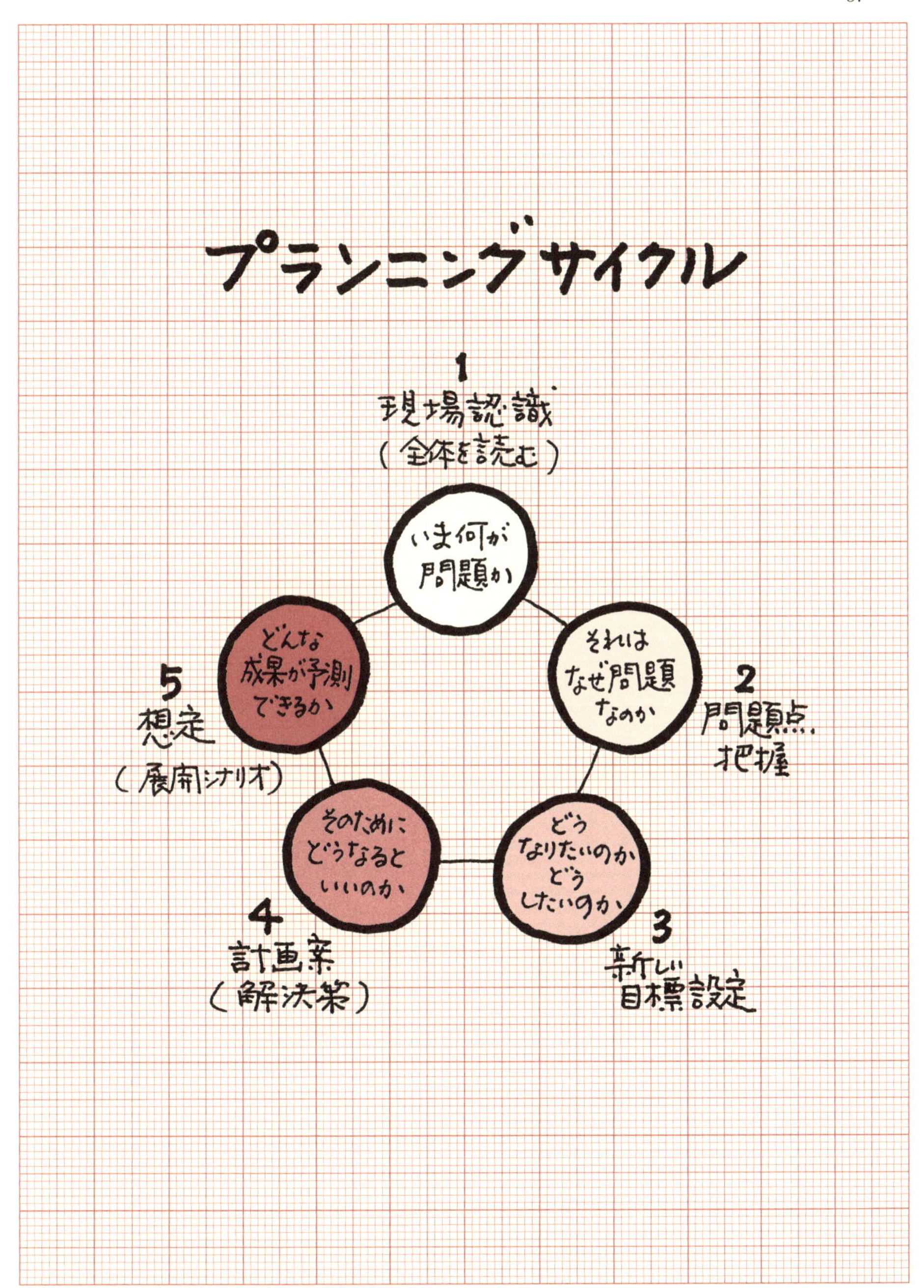
プランニングサイクル
1
現場認識
（全体を読む）
いま何が
問題か
それは
なぜ問題
なのか
2
問題点、
把握
どう
なりたいのか
どう
したいのか
3
新しい
目標設定
そのために
どうなると
いいのか
4
計画案
（解決策）
どんな
成果が予測
できるか
5
想定
（展開シナリオ）

〈図-21〉

立案のセオリー 6　プランニング7STEP

プランニングとは——

「情報」を集め、「問題」を探り出し、「仮説」を立て「発酵」させ、それを「カタチ」に定着し、世の中に「問う」。この一連の流れをいう。そして、人々が動き、ざわめき、ムーブメントが起きる。これを成果といいます。私は現場にいた時、新人や若手の制作者にこのことを言い続けてきました。単なる専門バカになって欲しくなかったので。と同時に、時代が求めるビジネスパーソンの像が大きく変わろうとしていたからです。専門領域だけでモノゴトが解決しない、とても複雑で多様なソリューション型の社会に移行する中で、複合才能を持つ右脳思考の柔らかな人間が、強く求められる予感があったのです。

「知恵でどれだけ相手に喜ばれるか」
「知恵でどれだけ大きな仕事をしていけるか」
「知恵でどれだけ世の中を巻き込めるか」

を自ら問いながら…。

行動あってのプランニングです。どんなにいいクリエイティブでも、人を動かせなければクリエイティブとはいえません。そのために、「プランニングとは」と言い続け、まず仕事への発想を変える、立つ位置を変えることを進めてきました。<図-22>は、ごく一般的なプランニングの基本型ですが、とくに顧客本位（For the client）で、相手の悩みの核心をつかむことを意識していました。悩みが分かるから、解決の糸口が見つかる。何をしてあげると喜ぶかも分かってくる。イメージをふくらませ新しいアイディアで提案できる。プランニングの核となるアイディアは、相手を知ることで生まれます。相手に迫り、深掘りすることからすべてが始まるのです。

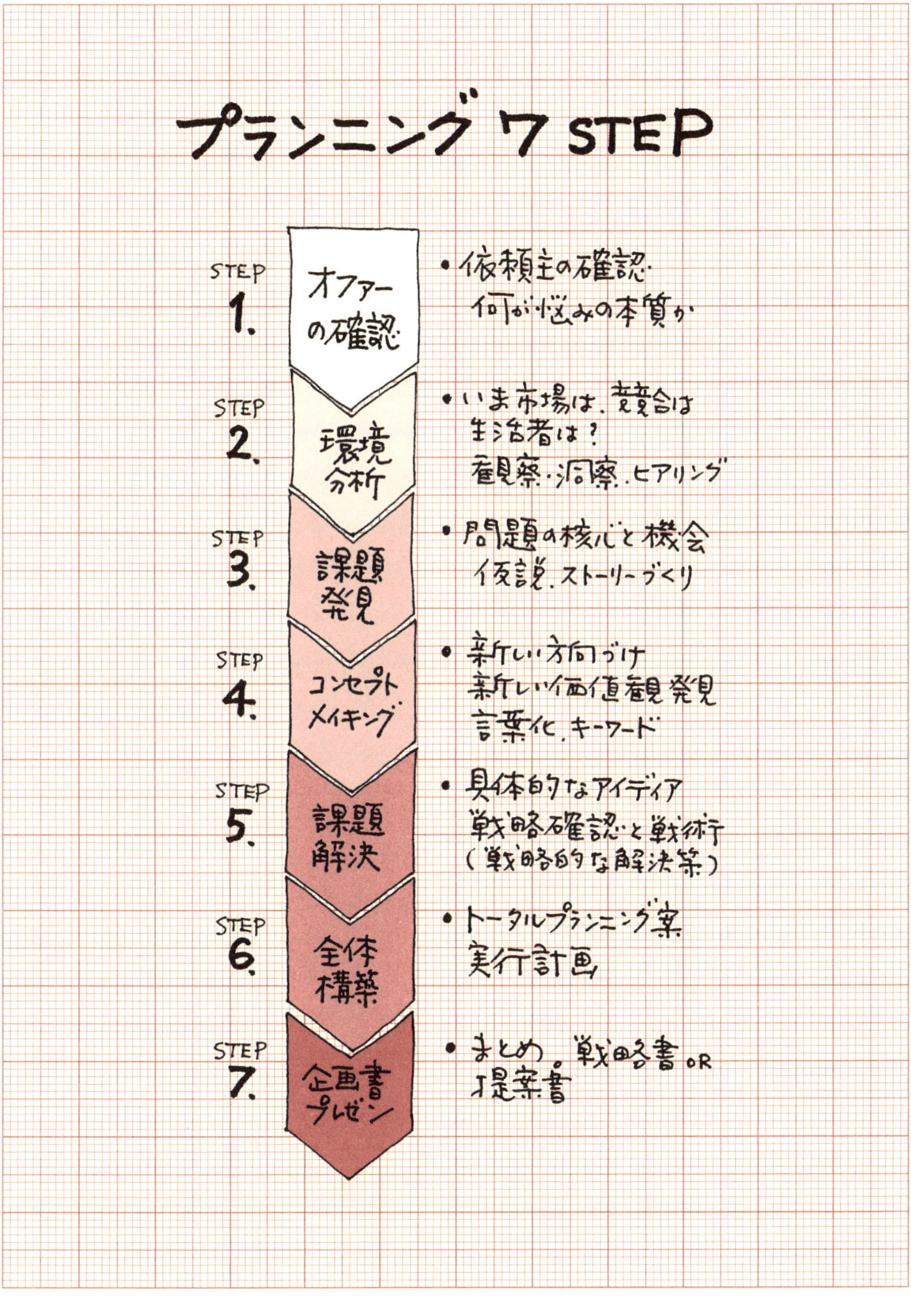

プランニング 7 STEP

STEP 1. オファーの確認
- 依頼主の確認・何が悩みの本質か

STEP 2. 環境分析
- いま市場は、競合は 生活者は?
観察・洞察・ヒアリング

STEP 3. 課題発見
- 問題の核心と機会
仮説、ストーリーづくり

STEP 4. コンセプトメイキング
- 新しい方向づけ
新しい価値観発見
言葉化、キーワード

STEP 5. 課題解決
- 具体的なアイディア
戦略確認と戦術
(戦略的な解決策)

STEP 6. 全体構築
- トータルプランニング案
実行計画

STEP 7. 企画書プレゼン
- まとめ、戦略書 OR 提案書

〈図-22〉

戦略的発想の基本

7 マーケティングプランニングフロー

社会や経済の仕組みや、生活の価値観の変化に合わせ、マーケティングが大きく変わってきました。市場が生き物のように価値観を変え、それに合わせてマーケティングも概念を変えています。**「売る技術」**としてスタートしたマーケティングも、**「売れる仕組みづくり」へ。**いまや市場を創り出す企業活動として、経営戦略に欠かせません。

いま、人もモノもなかなか動かない。関心事が広がるこの流動性の時代の中で、目標達成のために、マーケティングはいかに対応するか。効果的な戦略を構築する、マーケティングプランニングの基本的な流れ〈図-23〉を書いてみました。ようするに、市場がどんな状況であろうとも、**この流れはいわば骨格**です。**この骨格をはずすことは、欠陥マーケティングとなり、無残な結果となる**ことでしょう。市場においてどのような成果を挙げたらいいか。目標値を掲げる〈マーケティング目標〉の設定から、目標達成のためにどんな戦い方をするかという〈マーケティング戦略計画〉までの基本的なフローです。このまん中に戦略構築に不可欠な市場環境分析があります。マーケティング情報は、**全体を把握することと、何が一番問題なのかを発見すること**が目的です。ここから変化を予測し、次への仮説を立て、新しい方向を示していきます。部分でなく全体で見る、俯瞰しじっと見る。引いて見ることでいろいろ問題が見えてくると同時に、こうしてみたい…というイメージがふくらみます。そういう意味では情報はイメージを描くためにある、ともいえます。より戦略的で、より市場発想で考えることが求められている時代だけに、マーケティングプランニングはぜひ身につけたいものです。

マーケティングプランニングフロー

マーケティング目標

1. 市場環境分析

- いま、世の中は
- いま、市場は
- いま、競合は
- いま、生活者は
- いま、商品は
- いま、流通は
- いま、コミュニケーションは

〃

新しい切り口発想へ

2. 問題点と機会

- 何が問題でどこにチャンスがあるのか
- 伸ばすべき点もある
- 明確に両方を分析する

3. マーケティング課題設定

- どんな課題を解決するのか（絞り込み、順位づけ）
- 目的をはっきりさせる

4. 戦略の基本方針

- Ⓣ ターゲット
  Ⓟ ポジショニング
  Ⓒ コンセプト
- 誰に、どんな方向づけでどんな戦い方をするか

5. マーケティング戦略計画

<4P>

- 商品戦略 Ⓟ
- 価格戦略 Ⓟ
- 流通・販売戦略 Ⓟ
- コミュニケーション戦略 Ⓟ

〃

（基本方針の戦略、戦術化）

〈図-23〉

独創的仕事人のワークデザイン

マーケティングの究極の目的は差別化です。差別化でホカとの違いが生まれれば競争は生じません。ホカとの差がないから、同じ固まりの中で競争し合い、エネルギーもコストも消費してしまいます。人との差をつけるには、すべてに個性的でなければなりません。それには考える人、作る人が個性的であること。個性的ワークスタイルを持つことです。数年前、本書と同じ出版社（ディスカヴァー・トゥエンティワン）から「オリジナルワーキング」という書籍を出版しました。それは「ビジネスの中にもっとクリエイティブを！」という提案のもとに書いた発想読本です。まさにいまの時代が求めるワークデザインで、その一端を〈図-24〉にまとめてみました。

- モノ余り社会で、モノの価値が低くなる。
- 価値観が多様となり、好き嫌いがモノサシに。
- 変化スピードが速く、関心事がコロコロ動く。
- 仕事の大半が課題解決、変化対応を求められる。
- 部分を見ても悩みの本質が分からない。
- 課題解決の中に自らの個性化が問われる。

こうした動きの中で差別化がさらに求められています。それに応えるためにも**「考えて、作って、動かして、成果を挙げる」**スタイルを身につけましょう。このワークデザインは、次の3つの目的のもとに生まれました。

1 つねに相手の立場で考えられる体質

2 つねに戦略的にモノゴトを組み立てられる体質

3 つねにホカと違うことを思い創れる体質

で、ビジネスをもっとクリエイティブに…と考えるプロ独自の仕事の段どりです。個人ブランド化のためにも、ぜひ身につけて欲しいものです。

独創的仕事人のワークデザイン

基本ステップ/求められる力		内容	なぜ、求められるのか（背景）
STEP 1	知る （世の中の、市場の、人の、動きを知る） 情報力	社会の動き、市場、生活者、競合、ユーザー、人間観察、価値観、技術、流行、風俗文化、流通、国際社会・経済、コミュニケーション 他	・情報はイメージを描くためにある ・創造力、情報の組み合わせ能力 ・顧客の都合でビジネスする時代 ・情報が集まるほど全体が見える ・情報はアイディアの素、戦略の素
STEP 2	想う （全体イメージを、夢を、仮説を描く） 想像力	イメージ、夢、ロマン、想い、志、仮説、戦略、ビジョン、ゴールイメージ、兆しの発見、コンセプト、洞察、予見、世界観、 他	・直観から仮説を描くこと ・想像力とは夢見る力。まず夢を見る ・ディティールから全体をイメージする ・先を読む、全体を読む ・複雑な課題から核心をつかむ
STEP 3	創る （イメージを、個性あるカタチに作る） 創造力	形態、各種アウトプット、表現、商品、システム、スタイル、戦術、施策、サービス化、デザイン化、企画書 他	・ひらめきを発酵させ独自のカタチに ・創造力は夢をカタチにする力 ・独創性（オリジナル）が競争力 ・人と違うことを考え、違うものを作る ・すべてのカタチに「存在価値」を
STEP 4	動く （世の中に提案しビジネスし、持続へ） 関係力	（企業に、世の中に）プレゼンテーション、マーケティング活動、ブランディング、リレーションシップ、コミュニケーション、実行計画、 他	・「私は、あなたの役に立ちたい」この姿勢こそ、ヒト、モノを動かし絆となる ・ビジネスは人間でできている。すべていい関係で成り立つ ・持続できる関係づくりが最重要

〈図-24〉

見立てのいいドクタースタイル

課題解決のフローとしては珍しくはありませんが、取り組み方でとても効果の高いアプローチです。

いま社会で起こっている問題のほとんどがコミュニケーション障害が原因。もちろんビジネスの世界でも同様です。課題解決には、もっと相手に肉薄することで、悩みの本質が見え、手がかりが発見されます。つねに「答えは、いつも相手にある」のです。同様に、何が起こっているのかを見れば、何をしたらいいかが分かる。「その答えは現場にある」と言えます。そこで課題解決には、主治医の気分で徹底してヒアリングを繰り返し、企画のコンセプトに落とし込んでいこう、という博報堂時代の手法です。

共創関係のパートナーを目ざしていた私たち制作者は、広告を恋愛関係に例えたり、主治医と患者の関係に例えたりすることがありました。ロジカルに情報を分析し答えを出すことも大事ですが、ここではアナログのヒアリングで導き出します。パソコン上ではなく、人と向き合うことで、感じ合うことで、問題の本質を発見するのです。「見えない姿が見え、聞こえない声が聞こえる」ために、答えは相手であり、現場です。

〈図-25〉にあるように、医者の問診にあたる、ヒアリングをして、コミュニケーションを重ねる。

悩みの本質や想い、伝えたい本音を引き出し、診察へ進んでいきます。人はそれぞれ違うのだから、それぞれの悩みにフォーカスし、深掘りしていく…。パーセントで無雑作に計れない、〝微妙〟があります。ここで得られたものが、問題解決のキーとなるのです。いまや効率よく投網でバサーッと、一気に大量に人は引きつけることなどできません。経営も「1対1のマネジメント」を求め、個を見つめる現場感にかかっています。

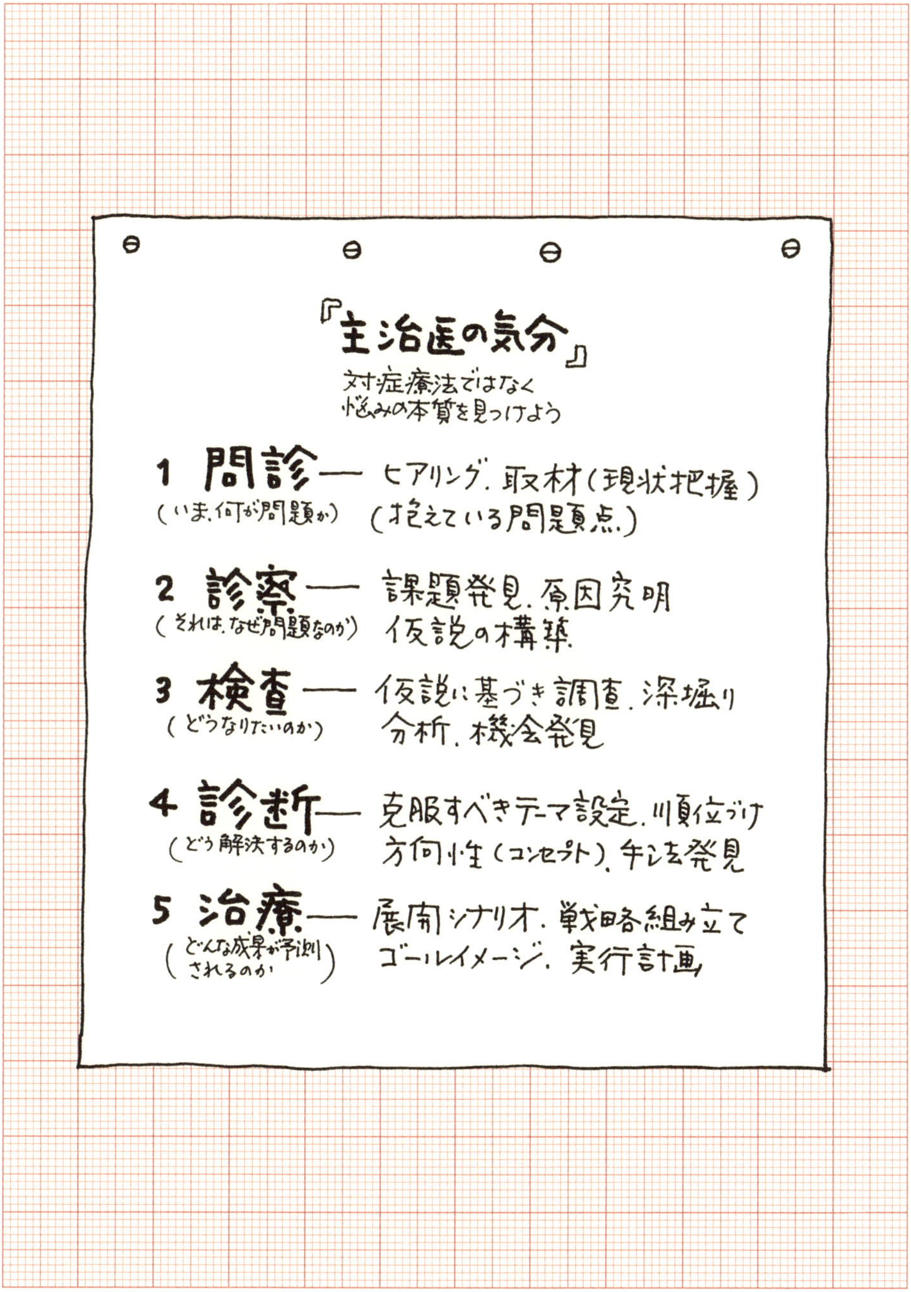

『主治医の気分』

対症療法ではなく
悩みの本質を見つけよう

1 問診――ヒアリング．取材（現状把握）
（いま，何が問題か）（抱えている問題点．）

2 診察――課題発見．原因究明
（それは，なぜ問題なのか）仮説の構築

3 検査――仮説に基づき調査．深掘り
（どうなりたいのか）分析．機会発見

4 診断――克服すべきテーマ設定．順位づけ
（どう解決するのか）方向性（コンセプト）．手法発見

5 治療――展開シナリオ．戦略組み立て
（どんな成果が予測されるのか）ゴールイメージ．実行計画

〈図－25〉

企画のツボをはずさない 10 「A4」1枚の戦略書

次第に課題解決を伴うプランニングが増えてくると、思いつきやヒントを数点出して終わり、というわけにはいきません。「考える作業」が多様になり、**頭の中に1枚の絵**がないとスムーズに仕事が動きません。そこで、何を、どこから、どう考え、ゴールはどこに置くのか…。1枚のプランニングシートを作ってみました。日頃、企画提案する機会の少なかったY社もビジネスが多様になり、次第にプランニングすることが不可欠になってきました。そこで<図-26>を手渡しました。あくまでもプランニングの基本型ですが、この1枚を手元に置くことで、次々に見えてくるものがあるのです。

①考える作業の全体像が分かること
②企画を立てるとは、ここまで考えること
③企画内容と作業の流れ・順序を知ること
④各項目が有機的につながっていること
⑤持っている情報と知識だけでは書けないこと
⑥考えること、知恵を出すことがキーとなること
⑦中身の重さと奥深さを知ること
⑧そこには人を動かす行動が入っていること
⑨シートの向こうに相手がいること
⑩そして相手の反応を読むこと

などなど、たった1枚のシートですが、ここから幾重ものプレッシャーを感じ取って欲しかったのです。問題点が次々に見える…。見えるからこそ常日頃の行動が変わっていきます。さらに、この基本型のシートがどう相手に喜ばれ、受け入れられるか。ただの事務的なシートか、相手の想いを引きつけられるシートか。ここからは感動型プランニングの書き方、伝え方の問題になってきます。「好き！」と言わせる企画書へ。第4章、第5章で、「アイディアを売る」「自分を売る」という、2つの切り口を提案してみました。

『プランニングシート』
企画＆実行計画書

(株)野菜ビジネス

(1) タイトル	（企画、提案の件名）
(2) 背景と問題点	（現状と悩み、要望）
(3) 企画対象	（誰が、対象）
(4) 企画目的	（なんのために、何を…）
(5) 企画内容	（アイディア、解決方法）
(6) 期待する成果	（何が得られるか）
(7) 実施方法	（作業工程、スケジュール）
(8) 費用	（いくらコストが発生するか）
(9) 留意点	（実施に伴う注意点）

〈図-26〉

第4章

感動型企画書のつくり方

PART 1

〔アイディアを売る〕

イントロ　企画書は「アイディア」を売ること。「自分」を売ること。

企画書にはカタチがありません。考えるプロセスはあっても、あくまでもひな型であり、基本型です。とくに**ビジネスでの企画書は、課題に対する解答書であり、戦略書。**それぞれ課題が違うのですから、ベストな企画書は一番課題に合った答え方、といえましょう。と考えると、どんな書き方でもいいのです。ただ「自由に書け」は一番やっかいです。そこで第3章では基本的なパターンを用意しました。そして、ここ第4章、第5章で、相手に合った答え方、自分らしい答え方の、感動型プランニングを提案してみます。第3章の基本型を土台に、与えられた条件と状況をふまえ、〝自分らしさ〟を表現した企画書になっていくのが理想です。

「同じフォーマットの企画書はあり得ない」

とくに意識はしませんが、相手が違い、悩みが違い、テーマが違うのですから、企画書は違ってくるのが当然です。一度基本型を身につけると、それを飲み込んだ上で自然体で、相手に合わせていく…。企画書を書くことが、創造作業のゴールだけに、リラックスして面白がることができます。

とくに気にしているのは、下の図の**餡と皮の関係**です。企画書という商品は、この2つの絶妙な味わいで買われていきます。「アイディア」と「自分らしさ」の質を高めて、初めて評価され、信頼されていくのです。

第4章、第5章で、2つの質を磨き、デジタル化時代の新しいパフォーマンスとして身につけてください。

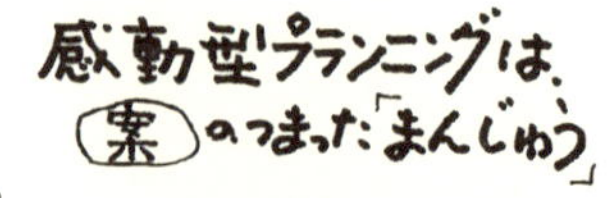

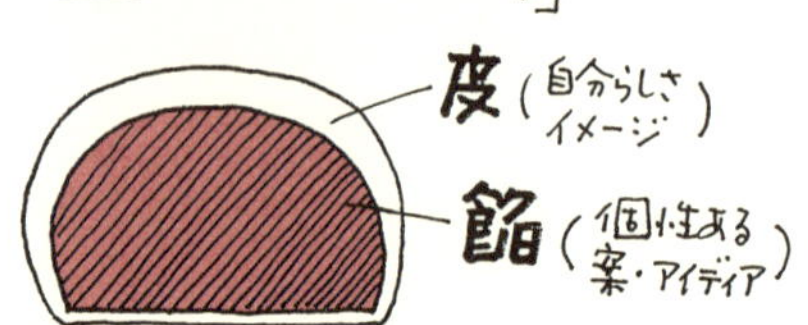

狙い：違いを創る視点12の狙い

創造とは「人との違い」を創ることであり、「ホカにない新しさ」を創ることです。その中心の核となるのがアイディアです。

ここにアイディアで違いを創るための12の視点の狙いをまとめてみました。差別化・個性化のためのチェックリストと考えてください。

狙い 1. どこまで相手が見えているのか
狙い 2. 相手への熱い想いがあるか
狙い 3. 人間への深堀りを進めているか
狙い 4. 相手の悩みの根っこをつかんでいるか
狙い 5. 新しい価値観の提案になっているか
狙い 6. 全体の視点から発想しているか
狙い 7. アート化で個性を創り出しているか
狙い 8. 売れる仕組みにつながっているか
狙い 9. 持続させ、先につながっているか
狙い 10. 夢あるストーリーを描いているか
狙い 11. 創造性をフルに発揮しているか
狙い 12. 左脳・右脳の連携はできているか

視点.1　「相手」が見えて初めて考えられる

いま日本中、どの企業も、どのビジネスマンも100％健康体なんてあり得ません。悩みが多く、あちこちから悲鳴が聞こえてきます。その声を聞いたら、どうしても探りを入れたくなります。自分は知らない、判断しにくい、種々の悩みに包まれているのでしょうから。そんな相手のニーズに応えるためにも、懐の中に入っていかなければなりません。それは、どこまで深掘りできるかにかかっています。

①相手がいるから考えられる

プランニングにはかならず相手がいます。課題があります。そして目的があります。アイディアは相手を知るほどに、悩みが見えるほどに、次々に生まれてくるものです。しかも、自分の中で悩み解決の葛藤を重ねるのですから、当然、自分の意志の入ったオリジナルです。相手と会い、深掘りし、例えば50や60の情報を手に入れれば、そこから課題解決策は生まれてきます。「もっとこうしてあげたい…」「もっと変えてあげたい…」。次々にヒントは出てくるものです。ようするに、どこまで懐の中に入ったか…です。損得だけ、稼ぐ意識だけでは、相手とのいい関係は生まれません。

②相手とは、相手1人の事情ではない

〈図-27〉のように、相手の悩みは背中に背負っている事情に関わっています。そこを探りながら、引いたり寄ったりすることで悩みの本質が見えてきます。見えなかったことを見せる、気づかなかったことに気づかせる。相手に迫るほどに、オリジナルは生まれる…。それには、創るというより発見する強い姿勢が必要です。

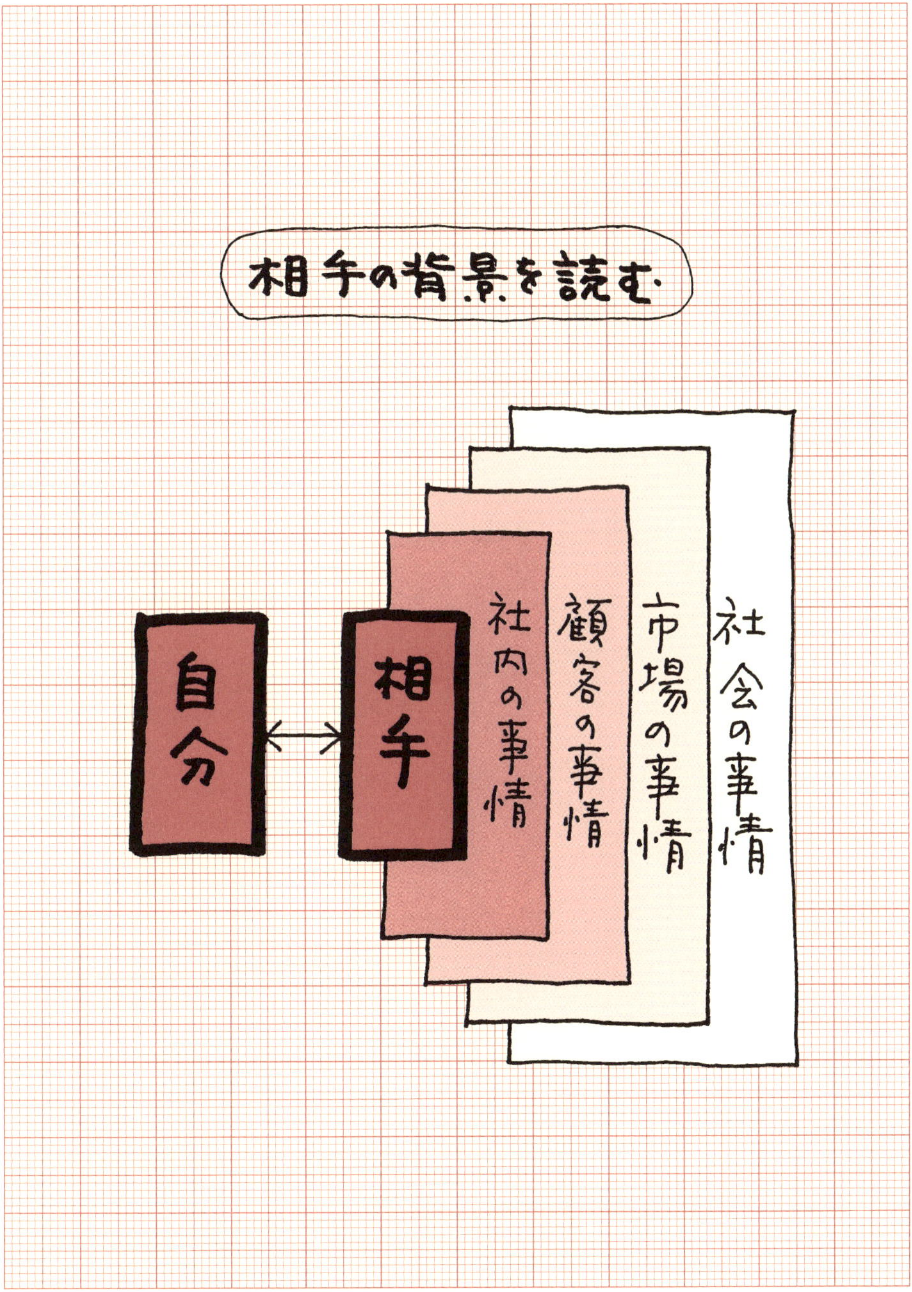

相手の背景を読む

自分

相手

社内の事情

顧客の事情

市場の事情

社会の事情

〈図-27〉

視点2 「相手」への想いの深さが決め手

「どう書いたら気持ちが動くのか」が想像できなければ、「どう書けばいいか」はいつまでも分からない。同様に「あの人にどうしたら喜ばれるか」を考えないで、相手に喜ばれる企画なんて生まれません。正しい企画書の書き方よりも、自分の強い想いで相手を惚れさせるのが、企画書の本質。「あの人にこうしてあげたい」という深い想いがあるから、逆に苦言も、厳しい提案も出てくるのです。合わせるだけならラクですが、「これでほんとうに相手が幸せなのか」「ほんとうに得させたのか」を考えると心が痛みます。

①心構えは、相手を感じ続けること

企業であろうが、担当者であろうが、上司であろうが、1人の個として考える。そして相手を感じ続ける。感じていなくて、発見や発想が天から降りてくることはあり得ません。考えていることでアイディアを導く…発想の条件は相手を想い感じ続けることです。ルイ・パスツールは「チャンスは心構えのある人を好む」と言いました。感じ続けましょう。

②観察から洞察へ

「なんとかしてあげたい」。そこには見えていない深い悩みが、幾重にも重なっているのでしょう。一筋縄ではいかない課題です。見て、感じて、事実を探す「観察」から、モノゴトの本質を鋭く射抜く…。＜図-28＞にある氷山の下を探る「洞察」が必要です。表面的なことでなく、底深い中での悩みを発見し、企画の差別化につなげてやれるか。この想いの深さが、お互いの信頼関係にもつながっていきます。「そうそう、そこが問題の根っこか！」。この発見はプランニングの道筋をすべて変えていきます。

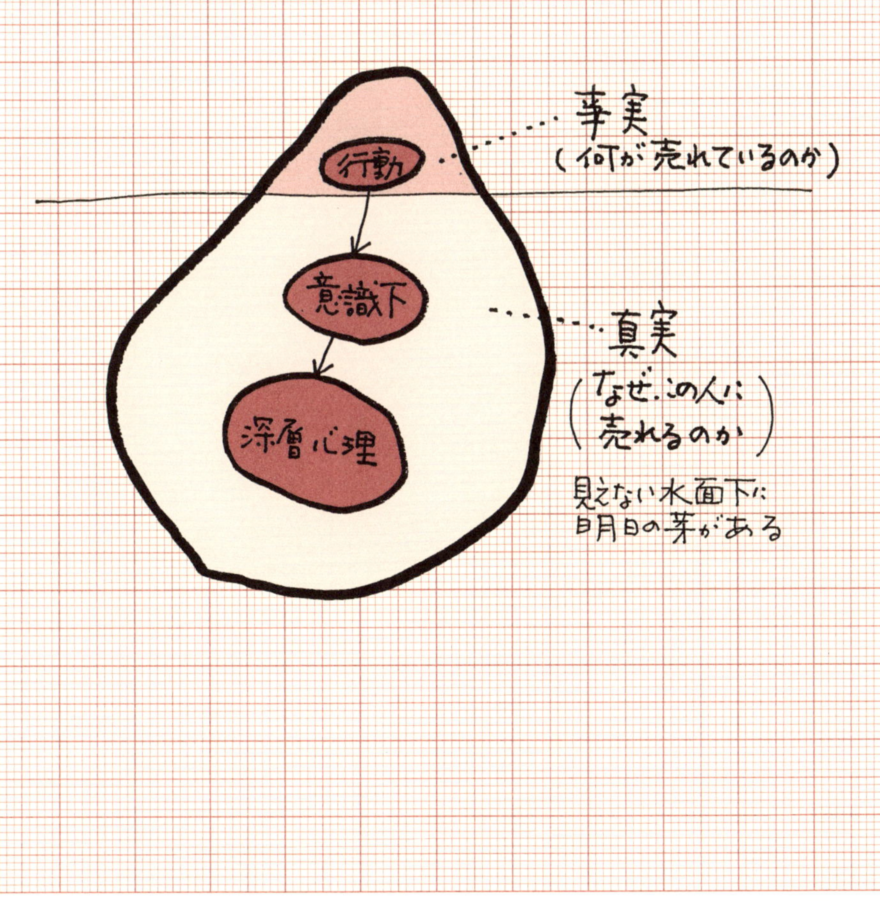
「水面下に明日の芽がある」
事実
（何が売れているのか）
行動
意識下
深層心理
真実
（なぜ、この人に
売れるのか）
見えない水面下に
明日の芽がある

〈図-28〉

視点③　取材からオリジナルは始まる

オリジナルを考えられる人は、考える姿勢からオリジナルです。立つ位置が違う、ということは視点が違う。複数にまたがる。視点がクルクル移動する。固定せず行ったり来たりする。決めつけない。

まるで不思議な軟体動物みたいです。そして、突然話は飛んでいく。しかし、基本は自分の目で、人との関わりに落とし込んでいきます。視点の先は、つねに何かと何かをつなげる組み合わせの作業をやっているのです。

①情報収集から始まる独創へ

なぜならアイディアは、情報と情報の組み合わせ以外にないのです。既存の見慣れた、聞き慣れた情報を、いろいろ組み合わせることで、新しい情報価値を生み出していきます。料理のセンス、編集のセンスが問われます。となれば、どんな素材を集めるか。まずはいい素材あっての調理法。個性ある一皿のためには、素材集めからオリジナルは始まっていきます。

②毎日が情報集め・ヒント探し

テーマに関する情報だけなら難しくない。しかし、テーマ外（領域外）がやっかいです。異質な情報と情報の組み合わせが実現するほどに独創性が増すのですから。日常生活の360度がすべて情報となり、ヒントなのです。「アメリカの広告代理店では3週間ひたすら取材。その間考えずにいる。考えたらそこに振り回されるから」と。コピーライターの仲畑貴志氏は「書かずに、しぶとく広く深く探っていく。書かずに頭の中にとっておく。すぐ書くとそれに縛られるから」と言っています。情報を集め、寝かせ、発酵を待っている…オリジナルの美酒を手にするために、まず素材集めなのです。

視点4　オファーの本質を見ぬく

問題が出されると知恵が必要になる。企画は悩みが見えてくると、それに対応する答えは、かなりの確率で出てくる。しかし、最近の依頼はオーダーをそのまま受け取るわけにはいきません。問題の根っこはどこか？ ほんとうの悩みはどこにあるのか？ 何が大事で、何を求めているのか？ とても難しい状況の中での依頼なのです。だからこそ、社外からの目が必要だ、ともいえます。外への発注はそうした第三者の目で判断し、客観的に見るとどうなるか、という依頼でもあるのです。その時、まずオファーの本質をどう見ぬくか。プランナーの力が問われています。

①問題の根っこは、何なのか？

次々と出てくる問題点に振り回され、根っこが見えません。プランニングは、この本質を発見することから始まります。発見は小手先からは生まれません。課題を直視する。気づかなかったことや、見えなかったことを発見し、「そうそう、そこが欲しかった！」と言わせることです。

②相手に代わって探し、確認すること

根っこはここだ。というポイントが見つけられるから、オリジナルな提案となる。「そういう視点からきたか」「こんな見方があるのか」。相手がヒザをポンと叩いたらしめたもの。これがプランニングの快感です。

実はそのポイントは、意外にも相手の中にあります。まず、引いて見てみると、おぼろげながら中心が見えてくる。さらに情報を集め、核心に近づいていく。そして相手に肉薄していく。懐の中に入り、徹底したヒアリングで、相手とキャッチボールをしていきます。

視点5　ビジネスマジックを起こす、コンセプトの力

「この企画のコンセプトは何か」と聞かれたら、それは依頼のテーマに対して、どのような提案性があるのかを問われています。そこに独自の主張なり、ユニークな価値観で、新しい生き方や売り方の提案があるか、どうか。例えば、三菱自動車の電気自動車MiEVでは販売コンセプトに、「家電販売店で売ろう」と掲げています。環境、エネルギー、暮らし方、車の価値観、そして差別化を考えた、大胆な主張です。このように時代の関心が揺れ動いている中で、新しい価値観を提示し、企業の個性化を図ったのです。

①コンセプトは見つけ出すもの

〈図-29〉のように、3つの要素をクロスさせ、その中から新しい価値観を発見し、引き出していきます。見る角度や位置を自由奔放に変えながら、ベストな関係を洞察。古い習慣や概念を壊し、課題解決の中に新しい提案を掲げていくのです。それには、いくつもの情報を組み合わせ、化学反応させ、発酵させ、新しい商品を生み出していく…。依頼主の要望や世の中の関心事だけでなく、3つが混じり合うコラボレーションのなせるワザです。

②新しい「意味」を見つける

モノのメリット、良さを探るだけでなく、モノの新しい意味づけをすることが求められています。モノそのものに関心が薄ければ、モノを通して暮らし、生き方、趣味、価値観などの提案が不可欠です。モノ＋健康、モノ＋安心、モノ＋シニアライフなどなど、新しい意味を見つけていくのです。すべてのプランニング作業に通じる「価値の転換」です。時代の関心事に合わないものに、存在価値はありません。

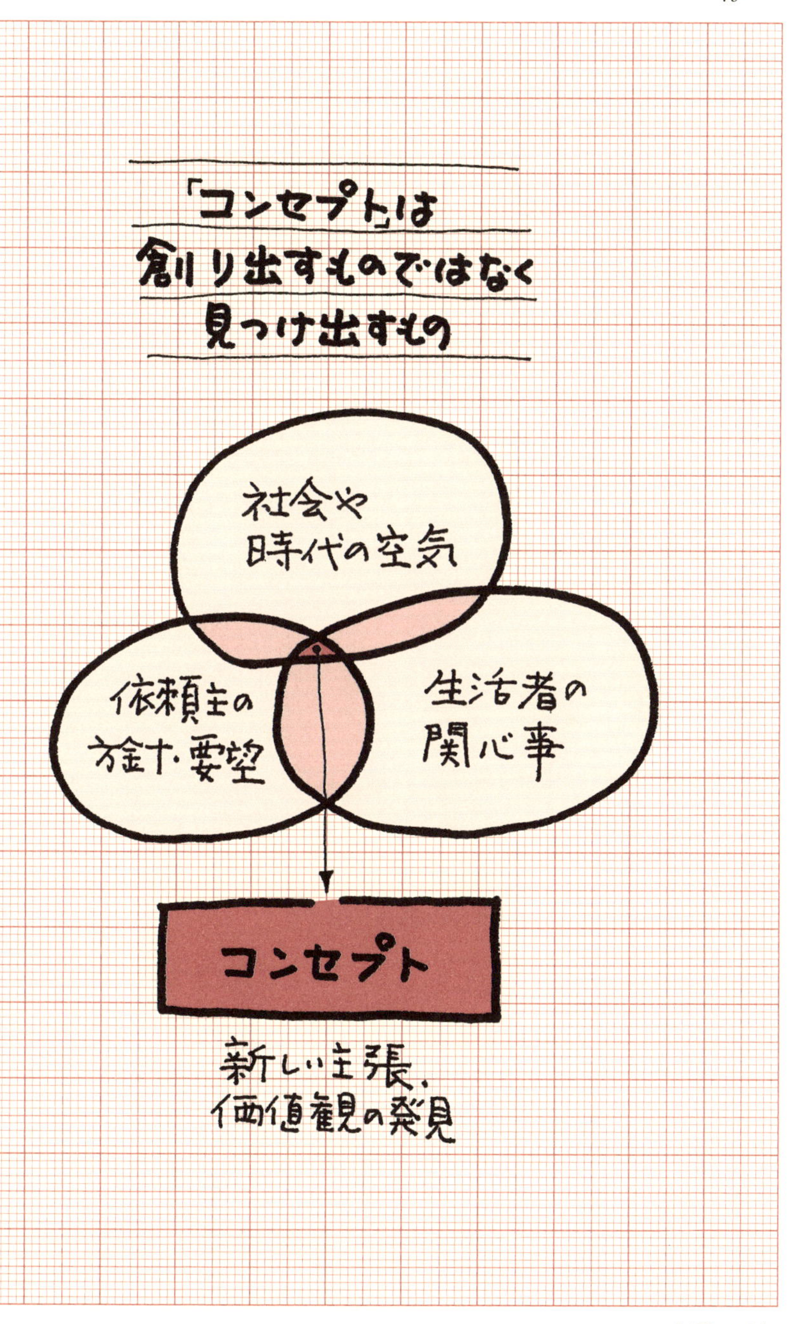
「コンセプト」は
創り出すものではなく
見つけ出すもの
社会や
時代の空気
依頼主の
方針・要望
生活者の
関心事
コンセプト
新しい主張、
価値観の発見

〈図-29〉

視点6　全体を読み、全体で解決する

ホカとの違いを創り、差別化につながるプランニングをするには、どうするのか。誰に、何のために、何をすべきか。まず全体が見えないかぎり、ツギハギだらけのプランニングになってしまいます。そこで単なる点のアイディア勝負ではなく、全体を動かすことを目ざしましょう。部分だけを見ていると、どこかへっこみ、反発し合い、リスクが出てくるものです。そこに止まっていると前に進みません。全体最適を見つけ、統合された仕組みで大きく動かす…。部分サービスではなく全体サービスする発想です。

①それは、マーケティング発想を

足元の部分部分だけを見ても、悩みの本質はつかめない。もっと川上の部分…企業の方向性、理念、事業戦略、商品発想、ブランドという企画の前提から考えることが必要です。これまでにないことをやろう、とするのですから、前例がない。身近な情報だけでは違いは生まれてきません。川上の部分から、全体から、各要素を見て組み立てていきます。

②例えば「いい人材が集まらない」

「求人」だけを考えても先につながりません。どんな人材を、どこからどう集めるかと悩む前に、やるべきことがあります。

まず会社はどうなりたいのか／将来のあるべき姿とは／どんな夢やロマンを描いているのか／何が売りもので、何が魅力の会社か／そのために、いま、何をしているのか／どんな企業風土か／どこに想いをかけて欲しいのか。

このような全体像を描き、目指しているからこそ、初めて企業の魅力に人を引き寄せ、採用を、育成を、といったプランニングができるのです。

視点7 アートイ化がなくては、差別化できない

消費は合理性（20%）だけでなく、非合理性（80%）を併せ持つ人間行動です。ここ十数年続くモノ余りの中で、人々はより深く満足を求め、合理性だけでなくもっと精神的な価値を重視しています。モノ・コトのボーダレス化は進む、好き嫌いははっきりする、個のわがまま度は高まる…これでは大きなかたまりで捉えることはできません。もっと個々の好き嫌いに合わせた、鋭い切り口のプランニングが求められています。

①アイディアの中に「大好き！」があるか

知識や論理の領域だけで組み立てるのではなく、そこに直観、信念、想像、洞察などイマジネーションの領域が入り込んでいるのか。想像力に満ちた「こんな世界を」「こんな暮らしを」「こんな楽しさを」という提案になっているのか。いまやプランニング全体に「正しい」より「好き」、が求められています。「どう好きにさせるか」。それが差別化なのですから。アイディアも、企画書も、話し方も、すべてが「好き」につながっているか。ひとつひとつがデジタルではできないアナログ的な価値が生まれ、新しい喜びや楽しみを創り出していきます。もっと「好き」な共感性でつながる強さを活用しましょう。

②アートイ化でビジネスは変わる

高い技術力、商品力の上に、喜びや楽しさは創り出されています。「高品質の上に、感動」です。付加価値、サービス、デザイン性、気分などなど、生活シーンを含めての新しい価値観づくり。あのユニクロも無印良品もソニーもホンダも資生堂も、どの企業も全身アート感が漂っています。いまやビジネスのアート化とは、企業の個性化であり競争力です。

視点⑧ 動かす仕組み、売れる仕組み

「アイディアは面白い。しかし、これで人が動くのか。モノは動くのか」。プランニングは、実現することが前提です。それは単なるアイディア勝負ではない。プランニングの中心核であるアイディアを囲んで、一斉に動かす仕組みができているか、が問題です。プランニングとは、「考えて、作って、動かして」のワンセット。戦略という核があって、戦術という具体的方法論が張りめぐらされています。そして、最も効果的な動かす仕組みと行動計画が必要です。

①例えば、旅行でなく「旅」をすすめる提案

いまとは違って旅慣れていない人のツアーが盛んな頃のことです。JALの北海道キャンペーンです。単に北海道の雄大な自然を売るのではなく、あの大自然の真ん中を歩かせようという「THE WALKING」の提案でした。しかし、JALは「えッ！歩けないよ」という反応です。交通の便も悪い、天候の変化もある、距離が長い、危険を伴うことも…と反対。しかし、ここには脱ツアーに加えた戦術として、あらゆる交通手段の組み合わせと、張りめぐらせた仕組みを作ってありました。Air（飛行機）＋列車、Air＋船、Air＋バス、Air＋自動車、Air＋自転車…それを組み合わせ、ハンドブック片手に乗ったり歩いたりの旅です。そしてあの広い北海道の空気を体感することで、「旅をする」ことの実感を手にできます。キーワードは「行動・感動・北海道」です。もちろん販促ツール、広告メディアの応援、旅人への行動MAPなどのプランニングも含めて、「旅」への背中を押してあげたのです。パックツアーが全盛の頃の、いち早い、旅行でなく旅のおすすめの提案。「旅」することの本質を体感させたかったからです。

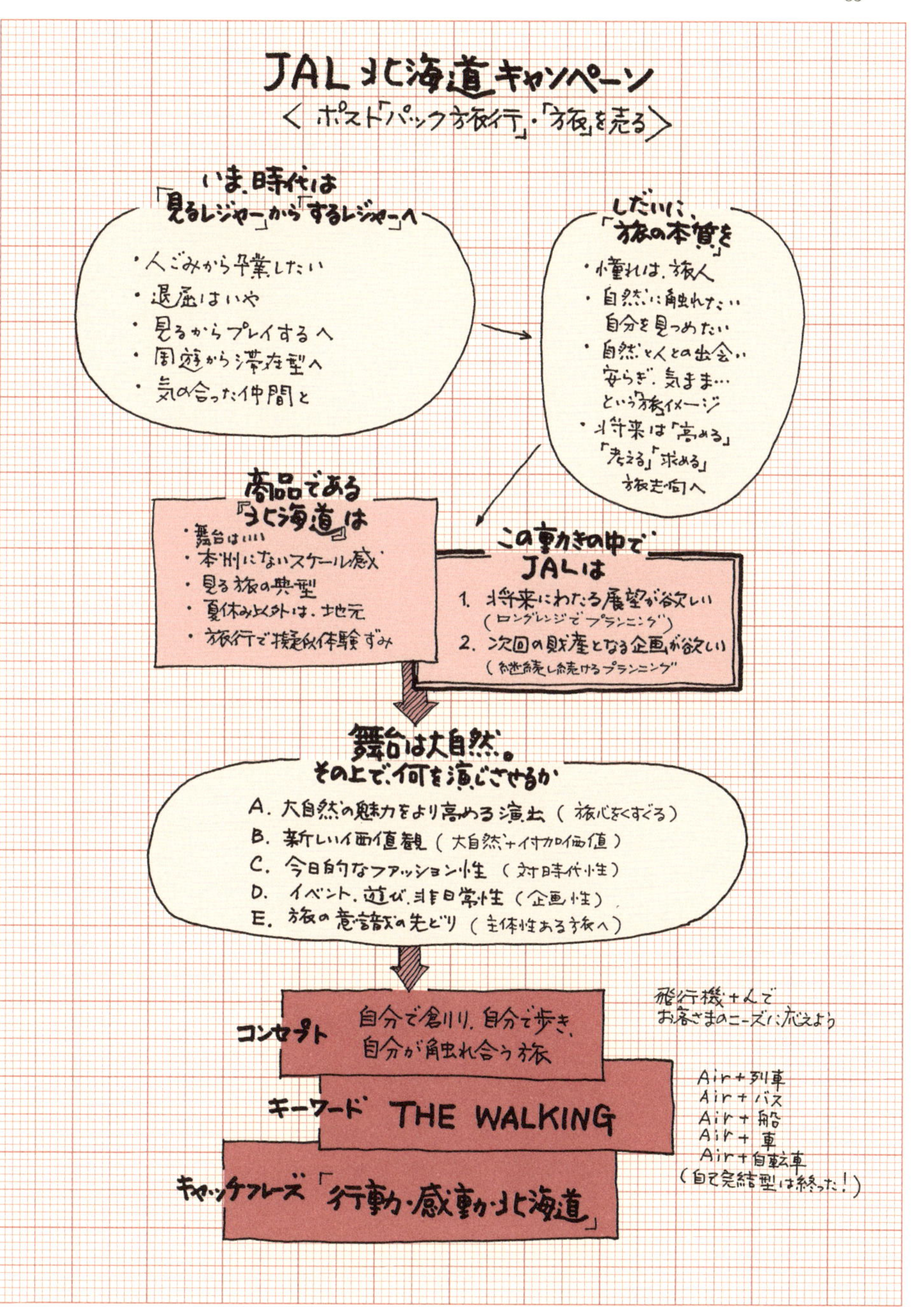
JAL北海道キャンペーン
＜ポスト「パック旅行」・「旅」を売る＞
いま、時代は「見るレジャー」から「するレジャー」へ
・人ごみから卒業したい
・退屈はいや
・見るからプレイするへ
・周遊から滞在型へ
・気の合った仲間と
しだいに、「旅の本質を」
・憧れは、旅人
・自然に触れたい
自分を見つめたい
・自然と人との出会い
安らぎ、気まま…
という旅イメージ
・将来は「高める」「考える」「求める」旅志向へ
商品である『北海道』は
・舞台はいい
・本州にないスケール感
・見る旅の典型
・夏休み以外は、地元
・旅行で擬似体験ずみ
この動きの中でJALは
1. 将来にわたる展望が欲しい（ロングレンジでプランニング）
2. 次回の財産となる企画が欲しい（継続し続けるプランニング
舞台は大自然。
その上で、何を演じさせるか
A. 大自然の魅力をより高める演出（旅心をくすぐる）
B. 新しい価値観（大自然＋付加価値）
C. 今日的なファッション性（対時代性）
D. イベント、遊び、非日常性（企画性）
E. 旅の意識の先どり（主体性ある旅へ）
コンセプト
自分で創り、自分で歩き、自分が触れ合う旅
キーワード
THE WALKING
キャッチフレーズ
「行動・感動・北海道」
飛行機＋αで
お客さまのニーズに応えよう
Air＋列車
Air＋バス
Air＋船
Air＋車
Air＋自転車
（自己完結型は終った！）

＜図-30＞

②行動を伴わない。それはアイディアとは言わない

このように顧客を動かす仕組みを創り、相手の不安解消と期待を創って、初めてプランニングという。相手に対して、単なるアイディアの面白さ、主張の新しさだけではなく、「これはいけそう！」「動きそう！」という思いにさせることです。私は先輩から言われて育ちました。手渡されました。「人を動かさなければ、アイディアともクリエイティブとも言わない」。「創ったものが売れなければ（相手に）、クリエイティブであることも、オリジナルであることも、何の役にも立たない」。

そして、プランニングによって人やモノが動くことで、「あなたがいないと困る」と言わせられるのです。

視点⑨ それは先につながるか 持続するか

ビジネスの究極の目的は「持続的発展」。一瞬でパッと話題となってパッと消えていくことは、企業の社会的責任を問う前に、まるでアマチュアの世界です。いかに成長しつつ持続させていくか。企業ブランド化させていくか。あらゆる企業行動がここにかかっています。当然、プランニングもそれを踏まえて目的を達成するものでないといけません。

①「いま、いいもの」でなく「次の手は何か」

いまだけを見るのは過ちです。これで先につながるのか…。私もこうした視点でプランニングし、プレゼンテーションに向かったものです。そして理想的には、「これから先、3年、これでいく」と言わせたくて。プランニングはあくまでもビジネスに関わるもの。ただ単に、意表をつけばいいというものではありません。長い間モノが売れ続けたり、企業が信頼され続けるということです。そのために未来に向けて約束する、将来を描く、新しい変化を創る。そして流行に左右されずひとつのコアを継続することに、大きな価値があります。これがプランニングの目指す方向であり、理想です。

②「3年先のベスト」を描く

そこで私は、企画書のタイトルに「3年先のベスト」を掲げ、企業ブランディングの提案をしました。企業のあるべき姿、目指すべき姿（仮説）を描き、そこに向かうためにいまから（1年目）何をすべきか。将来へのビジョンに向けて、高いハードルを越えてもらう仕組みを提案します。クリアした3年後は、また「3年先のベスト」へ。挑戦するたびに体質を強めていきます。それが企業の文化にもなっていくのです。

視点、10　夢あるストーリーが個性化を進める

ビジネスは人を喜ばせることで成り立っています。そして企業の目的は、「人の幸せを創る、社会の幸せを創る」ことです。この視点、この位置に立ち、生き方のポリシーを持つことから、プランニングを始めてください。まずは世の中が共鳴、共感するストーリーを創り、感動の要素を加え、具体的な行動につなげていきます。

①人が幸せになり、人が嬉しくなるストーリー

ご存じディズニーランドは、「地球で一番幸せな場所を創りたい」を理念に、「夢と冒険の王国」を目ざし、ひたすら夢を追い続けるストーリーを持っています。そして愛され続けるために360度すべての行動が、ブランドビジョンに向かっています。入る時は期待、出る時は満足、ともに裏切ることなく、さらなるブランド力を高めていく…。終わりのない物語です。

②プランニングは、「幸せを創る作業」

このプランニングによって、世の中がどう変わるのか。どういう価値を提供できるのか。ユニークな物語を創るのが仕事です。相手の依頼にはストーリーは描かれていません。課題や悩みの多いネガティブな状態を、ポジティブなストーリーに創りかえてやるのです。稼ぐための提案、傷を治すためだけの提案では寂しすぎます。

プランニングとは、「幸せを創る作業」であり、世の中の応援歌であり、エールを送るものであるべき…と言えます。自分たちが考えたプランニングが、世の中にどういう影響を及ぼし、どのように企業に返ってくるのか。そういうところまで考える必要がでてきました。

視点 11 課題はクリエイティブで解決する

条件もルールも習慣も、ましてや価値観までズレてくると、もう理屈だけでは、世の中変えられそうもありません。こうした状況の中での課題解決は、まず悩みから大きく離れてみることです。個々の課題解決にとらわれていては、ほつれた糸口は見つかりません。「売れない」、それじゃ「値下げだ」。これではなんら解決になりません。どうしたら安売り屋と言われずに、売れ続けるのか。一歩引いて見てみることで、発想を大きくすることができます。情報収集から始まって、考えて作って動かす仕組みづくりへ。いまや創造性以外にサバイバルの術はありません。

①既成概念を壊すから「新しい」

よくアイディアを評価する時、「これは新鮮だね」「ユニークだね」「いままでにないアプローチだね」と言います。ということは、創造とは、ホカにない新しいものをつくること。固定観念や習慣と戦って生まれてくるモノなのです。視点はいつも正面とは限らない。視点を自在に、上から下から斜めから、どれだけ自由な視点でとらえたかで、「新鮮だね」と言われます。

②ダサイ日用品も、創造性で変身

〈西友〉の中でスタートした無印良品も、ダサくて売れない日用品の発想を変えて、今日があります。個々の悩みにとらわれず、大きく引いてみる。時代の装飾過多にアンチテーゼを投げかける、シンプル・イズ・ビューティフルの提案です。著名なアートディレクターを中心に、徹底したものづくりの精神を反映させ、ノンブランドのブランド化を実現しました。「愛は飾らない」…新しい価値観を創造することで、違った光が当たったのです。

視点[12] 左脳と右脳のキャッチボール

アイディアとは、課題やテーマをロジカルに追いつめて、その先のロジックを超えたところに生まれるものです。何かいいアイディアはないか、と浮かぶのを待って出てくるものではない。左脳と右脳のキャッチボールからアイディアが生まれ、全体のプランニングが組み立てられます。ビジネスには種々の問題点や難しい条件、約束ごとがあります。それをひたすら左脳でロジカルに追いつめていって、ある瞬間にパッと閃く。ここで右脳へスイッチが入り、生まれるのがアイディアです。

①左脳と右脳の柔らかな発想を

〈図-31〉では左脳と右脳の流れを書いてみました。スタートの左脳の追いつめが足りないと、すぐれたアイディアは生まれません。第3章-1で書いたように、持っているものの中からしか発想できないからです。

その人の毎日の生き方とは切り離しては考えられないし、その人の持っている経験からしか生まれません。世の中の条件やルールが変わる中で、何が正しいのか。正しいだけで人は動くのか。違いを創っていく上で、非連続的に考えていく上で、ボーダレスな左脳・右脳の働きが必要です。

②ITが進むほどに「勘」

ITを動かす原動力は直観、洞察、嗅覚など、ますます勘が求められています。ソニー創業者の一人・井深大氏は「これからは新しいことを発想できる右脳人間、しかも人柄が立派で人間の幸せをいつも考えている右脳人間が必要。ますます全体を眺めることが非常に大事になってくるから、右脳の世界になると思う」と、まさに真実を言い表しました。

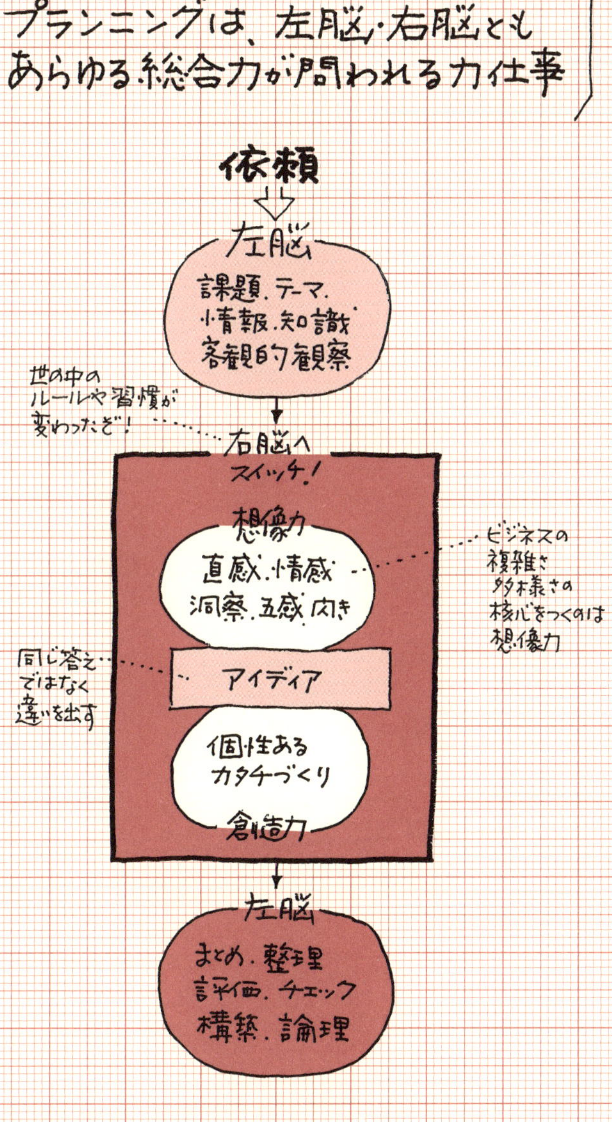

プランニングは、左脳・右脳とも
あらゆる総合力が問われる力仕事
依頼
左脳
課題.テーマ.
情報.知識
客観的観察
世の中の
ルールや習慣が
変わったぞ！
右脳へ
スイッチ！
想像力
直感.情感
洞察.五感.閃き
ビジネスの
複雑さ
多様さの
核心をつくのは
想像力
同じ答え
ではなく
違いを出す
アイディア
個性ある
カタチづくり
創造力
左脳
まとめ.整理
評価.チェック
構築.論理

<図-31>

第5章

感動型企画書のつくり方

PART 2

[自分を売る]

イントロ　企画書の中に、あなたの顔が見えるか

プランニングは、料理で例えて言うならば、<図-32>のように素材から盛りつけまで、と考えてください。もう1つ演出があるとすれば、それはプレゼンテーションという説明の場でしょうか。とにかく盛りつけられた料理が企画書で、作り手の自己主張をしているのです。この一皿に料理人の顔が見えます。「私がやりました」という本気が伝わり、1人歩きしても料理人のイメージが残ります。

①もっと「自分」を表現していいのです

「あなたのために、こんな気持ちで考えました」と、堂々と自分らしい企画書を提案しましょう。一皿にアートしたように、1枚の企画書を表現していく…。それは相手とのより良いコミュニケーションをするために、不可欠な自己主張なのです。お客さまを前にしての真剣勝負の結果、最高の「うまい」と、次も「来たい」という評価につなげるために。

②顔が見えるから、「あの人に頼みたい」

料理もそうでしょうが、企画書だって同じです。企画書が1人歩きしても、個性が見え、らしさが見えるから、「あの人に」といわれます。仕事は人についてきます。顔や、名前が見えなければ仕事になりません。社会や企業が「私」を選ぶ時代になってきたのです。

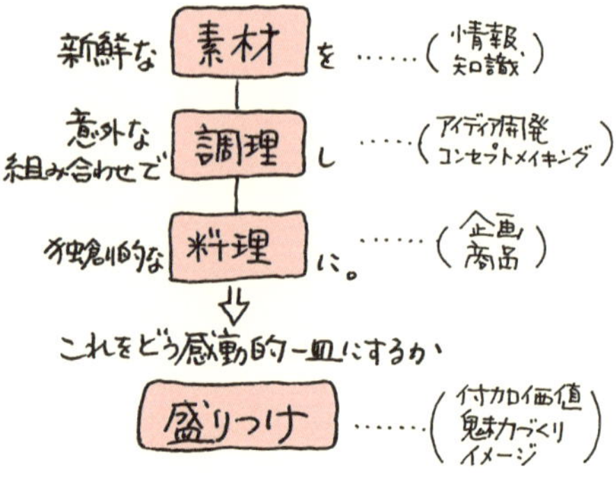

<図-32>

狙い：愛され続ける視点15の狙い

違いを創ったら、もうひとつ価値ある企画書にレベルアップします。組み立て方、流れ、書き方など、表現することで、自分らしいコミュニケーションのツールに変えていくのです。感性、五感、経験知、アナログの総動員で、人と人との関係性をより強めていきます。愛され続けるためのチェックリストでもあります。

狙い 1. 相手の顔が見えているか
狙い 2. 相手の本心は読めているか
狙い 3. ムリやり説得しようとしていないか
狙い 4. 五感で考えているか
狙い 5. 頭の中に全体が入っているか
狙い 6. 1枚の強さを計算しているか
狙い 7. 描く気分で書いているか
狙い 8. 図で考えているか
狙い 9. 言葉の力を信じているか
狙い 10. それでコミュニケーションができるのか
狙い 11. 表現する意識を忘れていないか
狙い 12. 外の視点があるか
狙い 13. 現場感に欠けていないか
狙い 14. 執着心があるか
狙い 15. 惚れさせる強い意志があるか

第5章の事例（企画書）について…図34～55は、視点[1]～[15]を図解したものにはなっていません。[1]～[15]を集約した「手描き1枚」の参考例として、全体イメージを捉えるヒントとしてご覧ください。

視点1 「みなさん」ではなく、「あなた」へ

プランニングには、コミュニケーション能力が強く求められています。相手（依頼主）の悩みにどこまで迫れるか…そこからスタートするのですから。相手を1人の個としてとらえないかぎり、ほんとうのコミュニケーションはできません。個人に対しての優しさや思いやりや熱意があるかどうかで、その相手とのコミュニケーションの深さや熱さが見えてきます。逆の立場で考えるとよく分かります。その他大勢に向かって語っている。それは「みなさん」であって、目も合わなければ話も刺さってきません。この人、ほんとうに私に伝えようとしているのか、と疑ってしまいます。「みなさん」では悩みの本質に触れてくれません。＜図-33＞のキャッチボールが必要です。

① 企画書は1通のラブレター

「よかったね！」とあの人に言われたい。あの人に心から納得してもらいたい。そして「一緒にやろうよ」と言わせたい。そのためにどう考え、どう書くか。まずは、「あなた」という個を明確に想定することです。相手のニーズ、悩み、関心事を探り、顔を思い浮かべ「あなた」に手紙を渡します。「えっ、そこまで考えてくれたの！」と、相手の気持ちに深く刺さることで評価される。企画書は送り手の個と受け手の個との対話として成り立つのです。

②「あなた」が見えるから、アイディアは浮かぶ

「考える」とは理屈を組み立てることではなく、深く相手を感じることです。だから共通の分かり合う言葉が生まれてきます。理屈で人は動かせません。理解しても心の底ではうなずきません。もう一歩中へ。悩みが見えるから、そこに知恵も出てくるのです。

「あなた」とキャッチボール

問題の核心	『いま、あなたの悩みの根っこはここにあるのでは？』	……	（そうそう そこが問題なのか？）
コンセプト（方向性）	『それには私だったら発想を変え、こんなアプローチでやってみたい』	……	（なるほど その手は新しい！）
解決策（仕組み）	『そのためには、こんなトータルな戦い方が効果的だと思うが…』	……	（なんだか 動きそうだね ワクワクする）

〈図-33〉

視点 2　期待を超えるから、感動がある

相手のことを考えるだけでは最高の答えになりません。相手をいい意味で裏切ることで、依頼主の信頼を得られるのです。それは単に、課題解決という目先の傷を治すことではなく、その答えによって企業イメージが高まる、モノが売れ続ける、いい関係が深まる…。こんな裏切りは相手にとって感動です。求めるものを提供するだけでなく、相手が気づかなかったものを見せ、驚かせることが企画の仕事だ、と考えてみましょう。相手を喜ばせようという姿勢こそ、アイディアの質にも信頼関係にも影響を与えてくれます。

サプライズを楽しむ体質を育むほどに、考えることがよりダイナミックとなり、面白さのスケールが違ってくるのです。

アイディアの本質は意表をつくこと

ビジネスには制限、制約、ルールが多い。それを打ち破り、どうクリアするか、企画の面白さはここにあります。縛りは相手の方が社内の当事者だけに強く感じているはず。そこで柔軟に考えられる立場を存分に利用するのです。外の視点です。相手の気づかなかったことを気づかせる、見えなかったものを見せてあげる…。相手の予想を超えた、自分の想いを伝えます。「そんな手があったのか」「えっ！、そこまで考えているのか」「それはいけそうだ」と予感させることで、相手との信頼関係は大きく変わります。

そのためには、つねに引いて見る。社内事情に振り回されないように外に出ましょう。できるだけ現場に足を運ぶこと。人間の温もり、匂い、驚き、怒りを分かった上で考えるから、企画書に共感が生まれます。「動きそう、変わりそう、売れそう」という実感を売りものに。

花王ソフィーナ表現コンセプト

「イメージ」から「真実」へ。

花王ソフィーナ『表現コンセプト』

いま、花王は
ソフィーナは

- 「細胞間脂質」第三のうるおい因子発見
- 肌の細胞を生き生きさせる…これが基礎化粧品
- 保湿効果が持続する
- キメをそろえて潤いを守る
- 肌表面だけでなく、内側に働きかける

いま、世の中は
化粧品は

- スキンケアは限りなく医学に近づき、バイオに向かう
- だから安全が最大のポイント
- 基礎は自分の肌。直接だから正しい知識を知りたがる
- 皮膚への関心は年々高まる
- スキンケアが独立した価値観を持ち始める
- メディアを通じて情報が入る

発見！

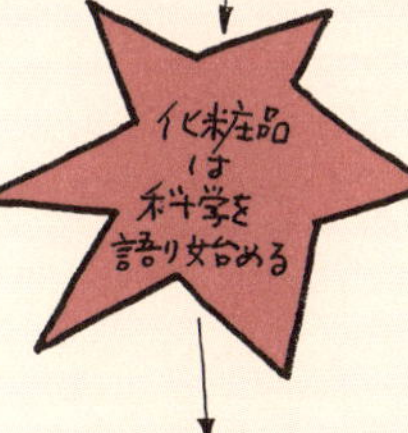

「ほんとうに何がいいのか」
美を売る、あこがれ、イメージ、
虚像から、化粧品はもう
離れてもいいのではないか。

表現コンセプト

化粧品（イメージ）を売るのではなく
「正しい知識」を売ろう

⇩

理由（わけ）あって好き！

表現意図

- 徹底して正しい皮膚の情報と、それを女性の共感に変えていこう
- 情報価値で差別化をする

〈図-34〉

ロッテビスケット表現企画

新発売
『ロッテビスケット』の神話づくり

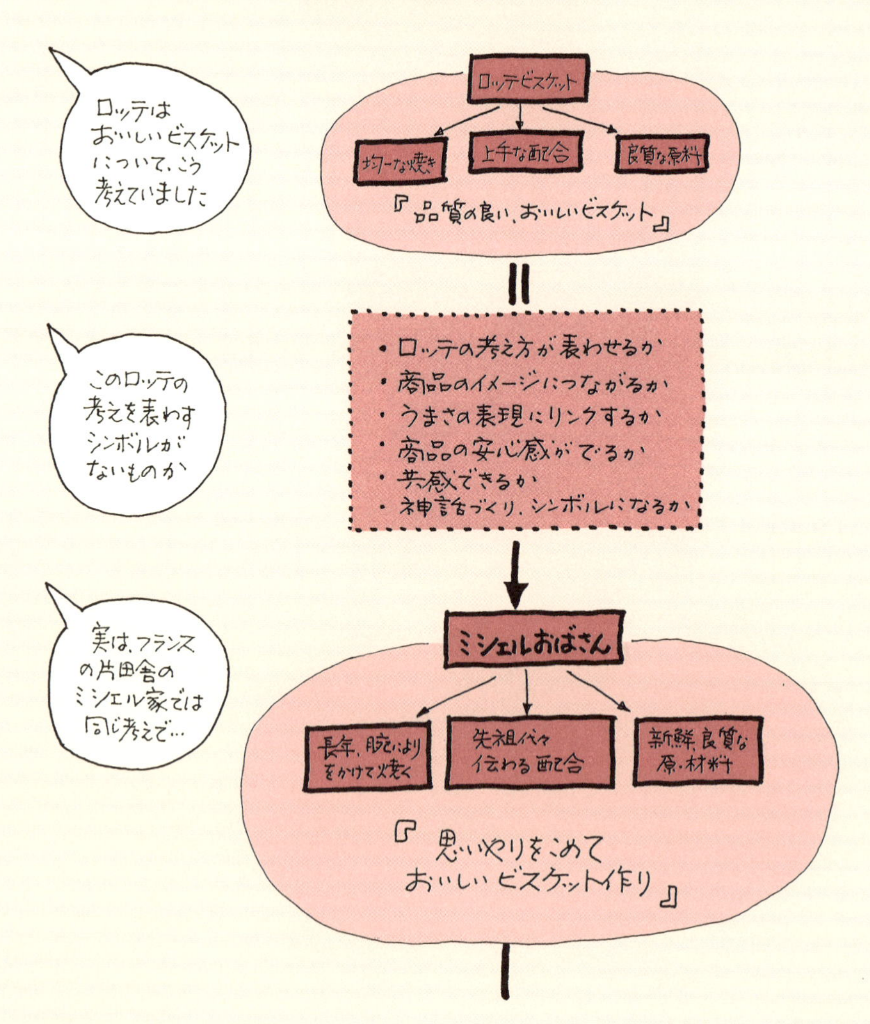

企画チャート(1)

企画チャート(2)

<図-35・36>

視点 3　説得ではなく、納得させたい

「そうそう、そこが知りたかった」「そこをどうするのかが一番の悩みだった」。相手がして欲しい、知りたい、気づかなかったことに触れることで、人は納得し、共感します。無理やりロジックで攻めても、心の中でうなずいてはくれません。私も、論理で畳みかけるように言われると「説き伏せられたくない」とどこか気持ちが引いてしまいます。人間は合理性20%、非合理性80%で行動する動物…大半はエモーショナルな面で動いているようです。それでなくても、アイディアとか企画とか、クリエイティブに正解はありません。いかに相手のリアリティに触れるか、にかかっています。

①いまロジックが通じにくい

論理的に組み立てるには、前提のルールや事実がブレてないこと。しかし、変化の時代には価値観がコロコロ変わるなど、前提は意外にもろいのです。「いいけど、嫌い」「好みじゃない」「正しいけど、面白くない」。どうやら正しいことが、納得することにはつながっていないのです。

②「そうそう、そうなんだよ」

こう言わせるには、相手がして欲しいことを徹底して探ることです。その上で、どういう価値を提供したいのか。自分がやりたいこと、目ざそうとしていることの意志をはっきり示すことです。間違っても、情報、データ、事実の羅列で終わらせないこと。並べただけでは人の心は動きません。あくまでも自分はどう考えたか、という想いに心は動きます。

制作現場にいた頃、よく依頼主とシートノックという共創作業に持ち込み、考えるプロセスを一緒に歩き、企画を磨いたものです。

大和百貨店リニューアル企画

〔個性の、一番店を目ざして〕

大和高岡店グランドデザイン イメージ

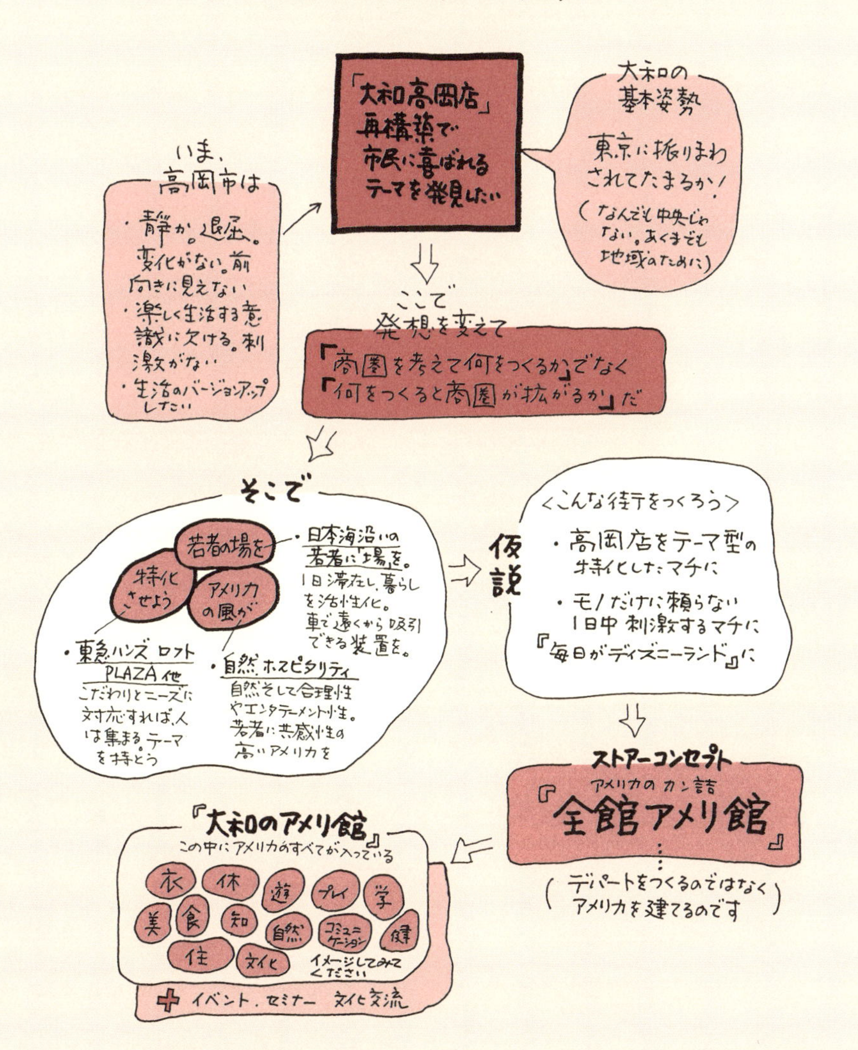

<図-37>

視点④ 全身のアナログパワーが生きる

プランニングは、誰もが集められる情報を集め、それを整理するだけでは生まれない。ビジネスには相手が必要で、当然相手とは人間です。その相手の悩み、関心事を探り、そのディテールに応えようというのが、プランニングの作業です。大量生産・大量消費の時代のように、定量情報でモノゴトが動いた頃と違い、人間の感性で、非合理性で動くことがしだいに多くなっています。「いいけど嫌い」「私の趣味じゃない」…こうした個の価値観が優先する市場の中で、私たちは考えを進めていくのです。いまやプランニングとは、頭の問題ではなく五感の問題だ、とまで言われています。

①「知る」から「感じる」人へ

ですからどこまで現場に入っているか、どこまで人の気持ちを読めるか、が大切。いまプランナーはしだいにアナログの手法を駆使し、人と違った視点でモノゴトを見て、考えています。例えばアイディアの素である情報も、2次情報から1次情報へ。メディア（ネット、TV、出版他）や人づてで手に入れる2次情報から、自分で感じて手にする1次情報へと軸足を移しています。いまや、自分の手足や五感をフル回転させ、アナログにすることでリアリティも増し、相手の信頼を手にするのです。

② 自分の五感で創るから、オリジナル

私が勤務していた博報堂では、研修でも日常業務でもタウンウォッチングが習慣化されていました。自分で見る、感じる、効く、触れる。五感で感じるものすべてが自分の情報になる。そんな感じ方を身につけると、それが独創へとつながっていくのです。

ワークショップ研修フロー

「自分発見」の旅へ　将来の「あるべき姿」を、求め続ける

「自分ブランド」確立のフロー「4STEP」

・新しい価値づくりを求める「ブランディング」や「コンセプトメイキング」と基本はまったく同じです。

STEP 1
再認識

いま、私は

・何を考え、何をしているのか ・何ができるのか ・何が大好きなのか ・自分の強味・弱みは ・夢中になれることは ・周りはどう見ているのか ・自分の立っている位置 ・何に感動するか ・一番うまくいくこと ・周りが喜ぶことで何ができるか ・誰かにしてあげたいこと

いま、世の中は

・世の中、どうなっていると思う？ ・どう動いている？ ・何が変わろうとしているの ・人々はどう反応しているの ・街は、モノは、暮らしはどう変わってきているの ・ビジネス社会はどう動いているの ・新しい兆しが感じるか ・日本らしさって何か ・どこが好き？ ・何を求めている？ 世の中の要望は

STEP 2
価値づくり
（戦略）

夢、発見

（立っている位置を大きくジャンプ！）

・新しい自分の「売りもの」「価値観」をイメージする（どこへ向かうか、どうなると喜ばれるか）

将来の「あるべき姿」をイメージする

例えば
こんなイメージの　『＿＿＿＿＿＿＿＿』

STEP 3
シンボル化

キーワード化

（方向をはっきりさせる。旗印を鮮明にする。核づくり。内・外に知らせる。）

『○○○○○○○○○○』

「私はこうなる」と
世の中に約束する

STEP 4
戦術

行動

（「あるべき姿」に向かって、今年は何をするべきか。）

実行計画

1. ＿＿＿＿＿＿
2. ＿＿＿＿＿＿
3. ＿＿＿＿＿＿
4. ＿＿＿＿＿＿
5. ＿＿＿＿＿＿

＜図-38＞

視点5 手描き1枚のこだわり

相手はどんな企画書が見たいのか。また逆の立場だったらどうだろうか。

けっして長々と、だらだらと、黒々とした企画書は見たくないはずです。「私に何をして欲しいのか」「私をどう喜ばせようとしているのか」、そこを早く知りたいのです。そのためにできるだけ自分の頭を整理しきった1枚がいい。相手の頭の中に映像が思い浮ぶような1枚がいい。そう思いながら、ずっと1枚の企画書を理想としてきました。ゴールは「1枚の戦略書」です。しかし、1枚といっても厳密に1枚ということでは無理もでてきます。相手によって、2枚とか3枚になることもあります。社内や同業なら、共通の土俵にいるので行間をイメージで埋めてもらい1枚ですみます。あとは参考資料やデータを添える。シンプル・イズ・ベストです。

● 忙しいビジネス社会の、ひとつの例ですが…

①〈3分間でプレゼンするように〉余計な情報が省かれ、ポイントをより明確にし、そして相手にも自分の言いたいことがきちんと伝わる、3分間のストーリー。企画書は厚さではない。②〈エレベータープレゼン〉Elevator Pitch（エレベーターでの競合）…エレベーターに乗っている間に、説明できるぐらいのシンプルさが良しとされている。③〈案件は紙1枚にまとめろ〉ある商社の会長は、どんな案件でも必ず紙1枚にまとめることを要求する。何枚も持っていくと破られる。④〈企画書は1～2枚〉JFA（日本サッカー協会）の元キャプテンは言う。「私に何を分かって欲しいというのだ」。それだけを伝えるために1～2枚で書け。⑤〈トヨタは「A3」1枚〉すべての社内での企画提案は、この1枚の中で勝負する。

「手描き1枚」の効用

（人柄を出す、最高のツール）

1. 手書きのメリット
   手紙のように想いを感じる
2. 記憶に残る
   イメージを伴って伝わる
3. 頭の中が整理される
   全体が見え、メリハリがつく
4. 納得しやすい
   全体の流れがあり、明解。スーッと入る
5. 「うまい」より心に響く
   コミュニケーションしやすい。ほっとする
6. 手描きの安らぎ感
   表現されパターン的でない
7. アナログのチカラ
   デジタル全盛の中で、とび出て見える
8. より良い関係づくり
   対話が起こりやすい
9. 提案後の印象が残る
   書き手の「らしさ」とその魅力

＜図-39＞

福島県ブランディング企画

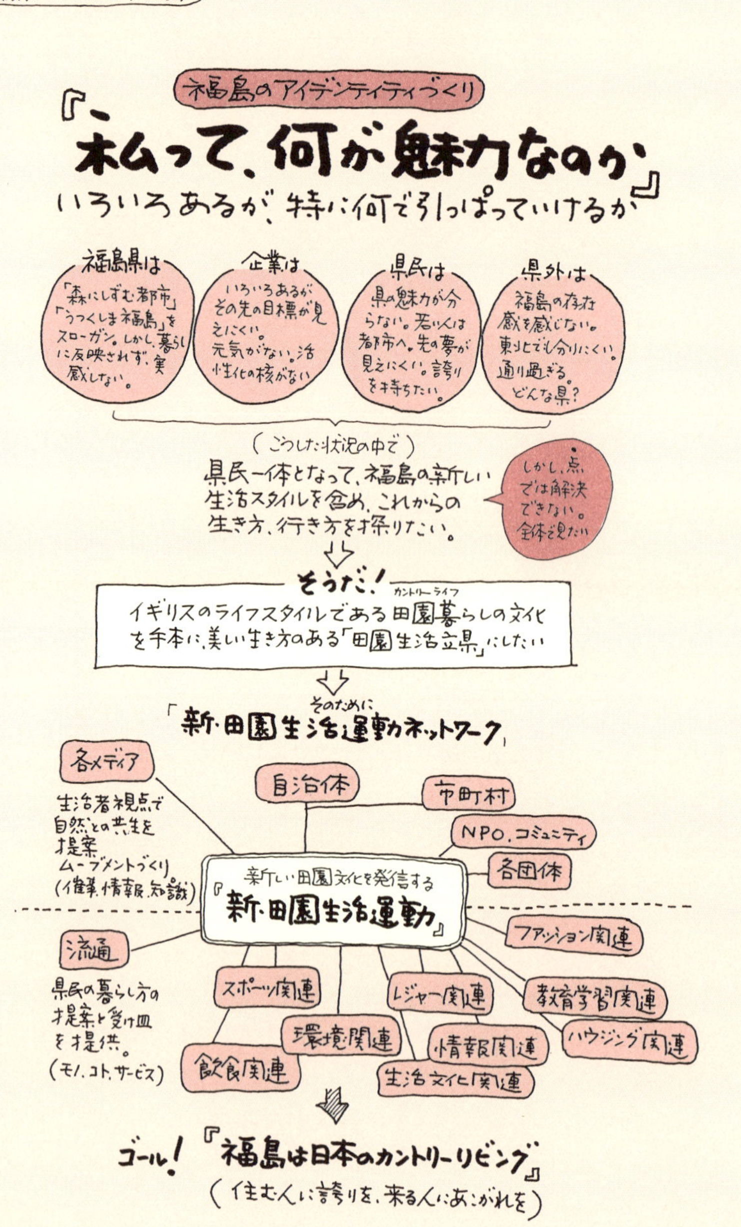

＜図-40＞

ビジネス書出版企画

出版企画

（クリエイティブな言葉って）
分っているようで分っていない。
使っているけど伝えられない。

「考える人・創る人」のあいまい語の用語集をつくりたい。

1. 企画意図

①もともと「創造」に関わる言葉は観念的。使う人によって、使う場によって、いろいろ意味を変えて使われている。例えば、ビジネス社会ではどうか。それでも企業によってバラバラ…。そこで、自らのビジネスの中で、そのあいまい語を普遍化してみたい。

②それは考え方、見方、仕事の仕方を含む、「考える姿勢」につながっている。「モノ創り」の基本を語ることでもある。

2. 用語例（50語のうち…）

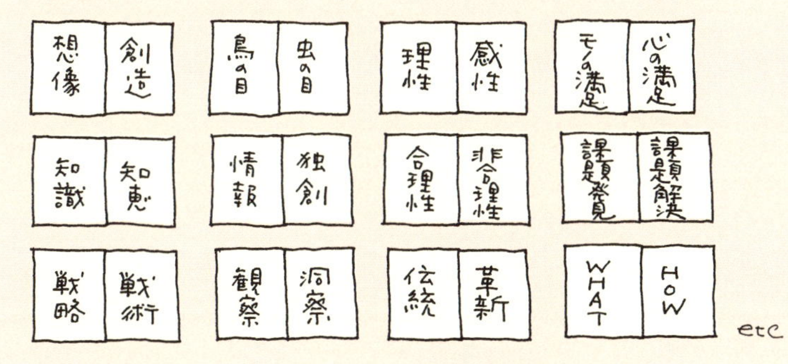

etc

3. タイトル案

A. 「クリエイティブ・コンセプト」
B. 鳥の目・虫の目・発想読本
C. 「考える人」のキーワード

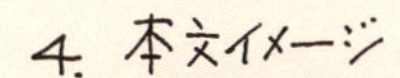

4. 本文イメージ

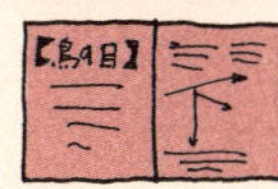

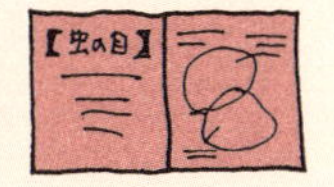

〈図-41〉

視点[6] なぜ、1枚か

相手とのやりとりが鮮明に浮かびあがるのは、一覧性のある1枚ではないか、と考えシンプルなプランニングを進めてきました。何が言いたいのか、なぜそれが重要なのかを簡潔に表現し、削ることを恐れず核心にフォーカスする…。その結果、「1枚の戦略書」というスタンスを持ち続けています。〈企画書1枚なら…〉 全体が見える／流れが分かる／共通の認識に立てる／大事なことが分かる／イメージが湧きやすい／展開が読める…など、双方のコミュニケーションがとても取りやすいのです。しかし、問題は1枚の中身。「何が言いたいのか」「どうしたいのか」と、1枚で自分の想いを伝え、1枚で相手にインパクトを与える効果が求められているのです。

1枚にまとめるには、「力」がいる

本質は何か、何を提供できるのか…を適確に伝えられるか／頭の中に全体をイメージしているか／大量の情報を集めても、分かりやすく整理できているか／抽象的なものを具体的な言葉やカタチに置き換えられるか。

考えてみるとなかなかやっかいです。ビジネスの基礎要素として、
ⅰ）問題の核心（解決すべき悩みの本質は？） ⅱ）コンセプト（方向性。こうしたい…新しい目標） ⅲ）基本戦略（何で、どう戦うか全体構想） ⅳ）具体的計画（戦術。どんな手法でどう動かすか）

があります。この要素を1枚の中に、短く、エキスだけ入れることで、基本をはずさない企画書になります。書く側としては、あれもこれも入れたくなりますし、削ることはとても不安です。あらためて何を求められているのか。すべて相手を理解することで判断できるのです。

アサヒ印刷リ・ボーン計画

「アサヒ」のリ・ボーン計画

「印刷業」から「コミュニケーションサービス業」へ

1. 課題（悩みの本質）：ITの進化で印刷業界の低迷。構造自体に変化。体質を変えたい。
2. 企業コンセプト：『印刷コミュニケーションサービス』を売る会社。印刷をとおして顧客のコミュニケーション分野を支援し、課題解決に向け、高品質なアウトプット（商品）を提供。
3. 課題解決：「めざそう！逆三角形」。下の図のように、待つのではなく、顧客の悩みをフルサービスで対応。

「印刷技術」を売る、から「印刷コミュニケーションサービス」を売る

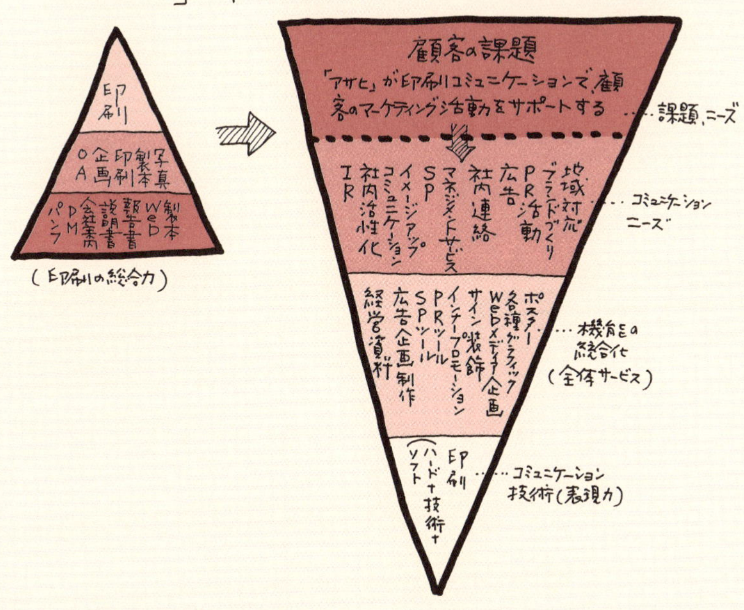

＜図-42＞

視点7 なぜ、手描きか

料理で例えるならば、いい素材（情報）から調理された料理（アイディア）を、最後にどう盛りつけ、感動の極みに高めていくか。個性ある一皿を提案するために、1枚の企画書の効果は計り知れません。この効果的な盛りつけの手法として、「1枚の手描き」をおすすめします。

いまはITの進化で、デジタルの便利さが当たり前の時代です。しかし、ビジネスで一歩先行するためのツールとして、手描きの良さは勢いを増しているように思います。手帳、日記帳、ノート、筆記具、チョークアート、年賀状、手描きのPOPなどなど、手書きの復権を感じます。

① 手書きは、「考える視点」を人間におく

不思議と、言葉を機械的に並べ、機械的に書こうという気は起こりません。まず相手の顔を思い浮かべ、「あなた」に語りかけるように書き始める。この白い紙の上に、自分の想いをどう強く表現できるのか、試行錯誤していくのです。ここを強調したい、となると、文字は大きく太くなって、まるで声のトーンのようです。

② 手書きから、手描きへ

イメージから来る当て字ですが、私の気分はいつもここにあります。うまさより心を込めて、自分の想いを文字にするから、書きながら絵にする感覚です。単に意味を伝えるというより「分かってください」という熱意を伝える…。文字は一字一字丁寧に書くことで、気持ちは表れてくるものです。

日本レイランド「ジャガー」表現戦略

ペンタゴン作戦

見込客はジャガーに5回会う。

目的：見込客に「品質」と「サービス」を徹底

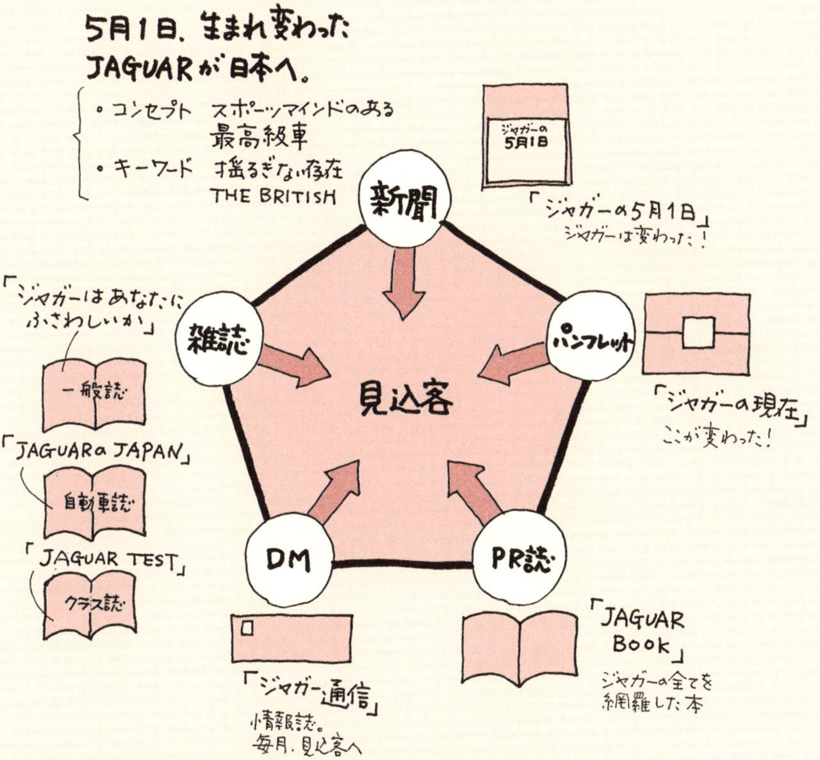

5月1日、生まれ変わったJAGUARが日本へ。

- コンセプト　スポーツマインドのある最高級車
- キーワード　揺るぎない存在 THE BRITISH

新聞
ジャガーの5月1日
「ジャガーの5月1日」
ジャガーは変わった！

パンフレット
「ジャガーの現在」
ここが変わった！

PR誌
「JAGUAR Book」
ジャガーの全てを網羅した本

DM
「ジャガー通信」
情報誌。
毎月、見込客へ

雑誌
「ジャガーはあなたにふさわしいか」
一般誌
「JAGUARのJAPAN」
自動車誌
「JAGUAR TEST」
クラス誌

見込客

MEET JAGUAR 5 TIMES

〈図-43〉

視点 8　なぜ、図解か

図解1枚の情報量は膨大で、その背景から話し始めると、何十分でも語れるぐらい密度を濃くできます。私の著書は図解や表、箇条書きが多いのですが、もしこれを文章に置きかえていくと、何倍ものボリュームになることは間違いありません。広告という仕事をやっていたため、素早く、要領よく相手に伝えるために、いつの間にか図解を書くようになりました。あくまでも、より良いコミュニケーションをしたい…という観点から独自に書いたもので、あまり自慢できるものではありません。ただ図解の持つ機能、効果にはつねづね納得し、分かり合うためのツールとして最大限に活用しています。

①図で考え、分かり合う

いつも集めた情報を、線でつないだり、矢印で示したり、円で囲んだりして整理をしていますが、あらためて、なぜ図解なのか。全体像が見渡せる／問題の本質を理解できる／木と森の両方を見られる／関係性が分かる／イメージが湧きやすい／1枚をみんなで観察できる／判断しやすい。などなどの効果がありますが、テーマによってメリットは違います。私の場合は、抽象度の高い創造性とか考え方を、どう概念化するか、具体化するか、カタチにするか、と絵解きで悩むことが多いです。

②図解の目的は――

思考を整理する／アイディアを生み出す／計画を立てる／説得する、など、図解はますますビジネスコミュニケーションの必須スキルとなるでしょう。この情報過多の時代に、鳥の目で眺め、体系化し、図で分かり合っていく…。ここから新しい関係が発見できるのです。

榮川酒造ブランディング

『360度のブランド体験MAP』

すべての企業活動は「ブランド」につながる

MAPを頭の中に。**ブランド化**

提案 ブランドビジョン、ミッション、スローガンは決まった。あとは全員の動きを、ここに集約できるか。意識して向き合うことで、「ブランド」はスピードを早める。

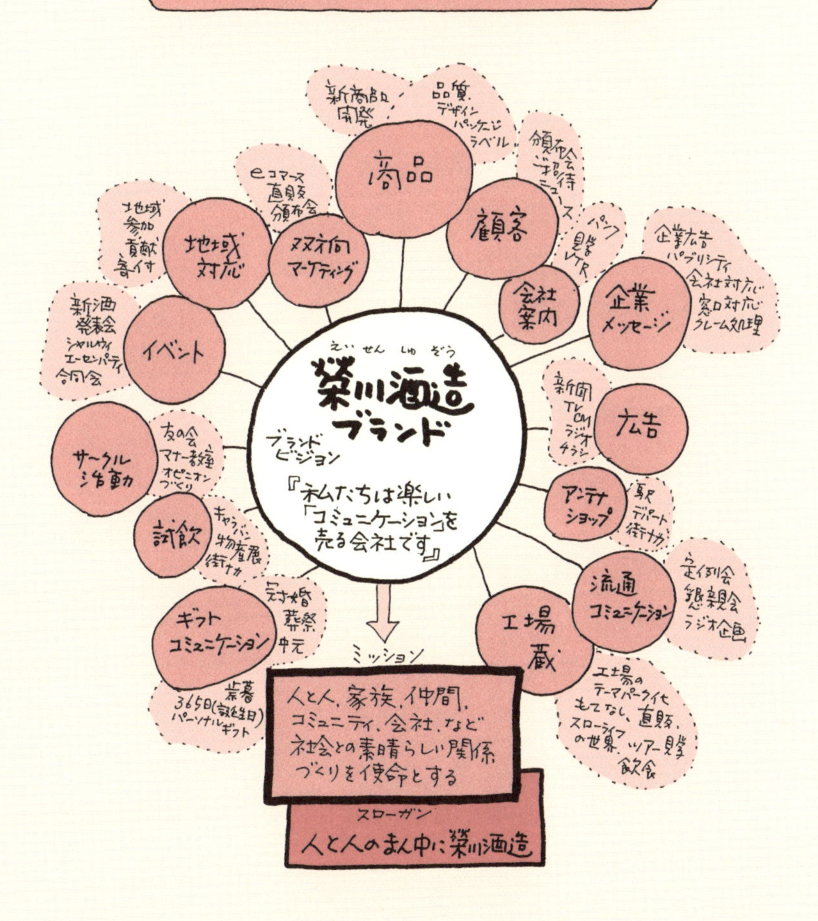

〈図-44〉

視点9 タイトルに「一行」の力を

タイトルは引力です。大きな期待感を抱かせる力、読む人の想像力を刺激する力、人の心を動かす力があります。この力を最大限に利用しない手はありません。たった一行で、「これは期待できそう！」「おッ、ちょっと違うぞ！」というステージに、一気に持っていけるからです。一番伝えたい一行で、「見たい・読みたい・やってみたい」と共感させる凄さがあります。

①見なれた慣用句は避けたい

依頼に合わせて、課題や目的を、おうむ返しにするタイプ。例えば、「○○○新発売キャンペーン企画のご提案」「○○周年記念イベント企画アイディア」「シェア○%獲得のための販促企画案」などでは、相手の依頼を確認するようなものです。タイトルは、もっと企画の方向性をしっかり相手に伝えるものであり、自分の目ざす意志を伝える一行であって欲しい。この一行から、受け手の姿勢を変えることができるのですから。

②タイトルは言葉化の戦略です

相手が予想する思いを裏切ることで、インパクトを高め、さらなる期待を持ってもらいます。〈図-45〉の中にある一行「東京に振りまわされてたまるか」は、金沢のデパートへの企画提案でした。つねに東京のトレンドを気にして、その気配でマーチャンダイジングを考えている会社へのアンチテーゼ。ほんとうに地域に愛され、「あなたがいないと困る」と言わせるには、何がベストか。私の想いをタイトルに…。そして、それが私の戦略でした。タイトルは提案のアイディアにネーミングをつけるもの。内容を端的に表現したもの。相手の記憶に残るインパクトを計算しています。

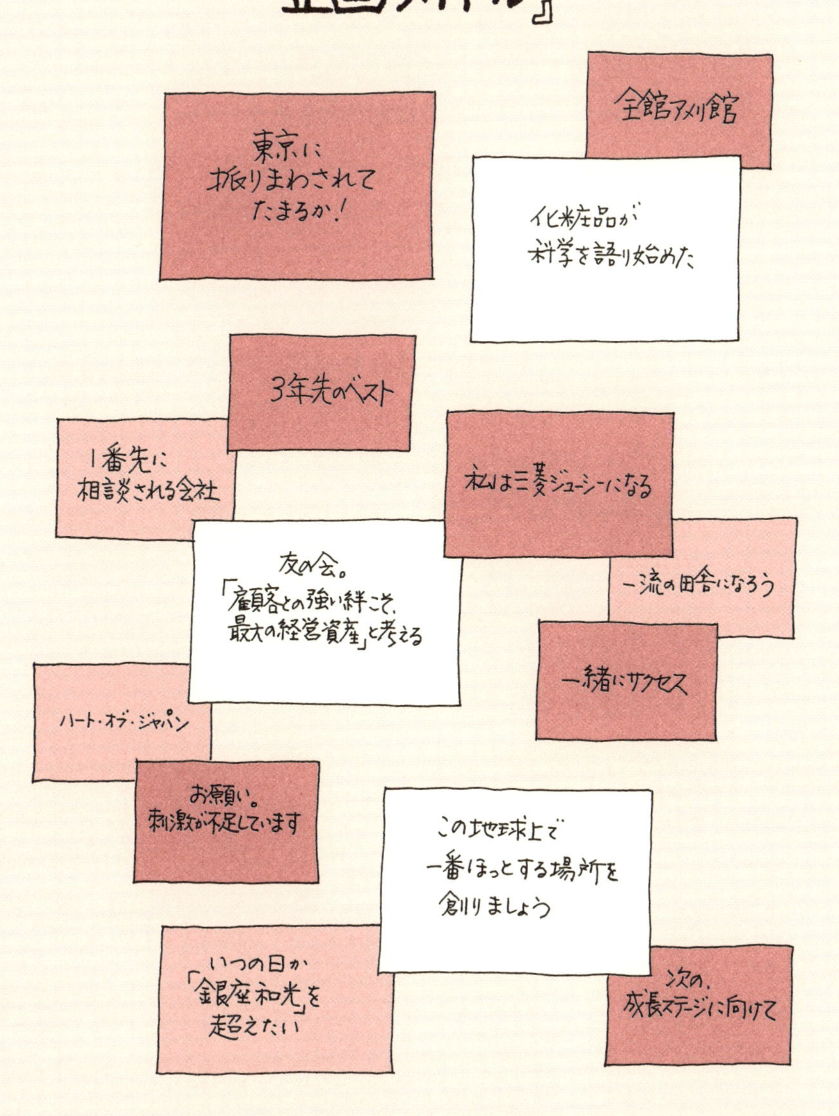
どうなりたいのか。どこへ向かうのか。
『企画タイトル』
全館アメリ館
東京に
振りまわされて
たまるか！
化粧品が
科学を語り始めた
3年先のベスト
1番先に
相談される会社
私は三菱ジューシーになる
友の会。
「顧客との強い絆こそ、
最大の経営資産」と考える
一流の田舎になろう
一緒にサクセス
ハート・オブ・ジャパン
お願い。
刺激が不足しています
この地球上で
一番ほっとする場所を
創りましょう
いつの日か
「銀座和光」を
超えたい
次の、
成長ステージに向けて

〈図-45〉

視点 10 文章は相手に合わせ、手づくりで

決まりきった慣用句、専門用語、業界用語、カタカナなどの言葉が長々と続くと、相手が一番いやがる「こんな企画書、読みたくない」になってしまいます。しかも同じような定型のフォーマット、みんな均一で、フラットで、何が大事なのかメリハリがない。その上、誰に向かって書いているのか。まったく人間の影もカタチも見えてきません。企画書は、自分が目ざす戦略を相手に納得してもらい、「この人となら…」と信頼関係につながることを目的とします。それには相手に共感を持ってもらうことが肝心です。

①相手は誰か。どんな人か

ターゲットを想定します。相手の持っているイメージ、好み、情報レベル、知識、趣味、性格を探ります。そしてどこまで話せるか、どんな言葉、表現が使えるのか、どこまでなら飛躍できるのか、と読み込んでいきます。共通の土俵に立つには、相手側の作法や持っている情報量・質に合わせることから始まるからです。人によって、企業文化や経験や言葉に対する解釈も違うのですから、このレベルを揃えることは欠かせません。

②できるだけ手づくりの言葉がいい

読みやすく、分かりやすく、短く書く中で、自分のセンスを感じさせる文章を心がけたい。そのためには想い入れがある、自分の言葉で伝えたいものです。相手を動かすのは、ロジックでなくエモーション。自分らしい言葉で書くから、相手も心を開いてくれます。とくに手書きは、言葉を自分で探し、創る感じですが、デジタルでは選択肢の中から言葉を選んでいる感覚。相手に合わせ、一語一語手づくりの言葉で書きたいものです。

高島屋ストアコンセプト

高島屋らしさって、何？

「お中元」広告を通じて確立させたい、「ストアコンセプト」

表現テーマ
競争の激しい中で、独自の「ストアコンセプト」の確立
「イメージ」の定着

⇩

それには、
（生活者が共感する強烈な高島屋らしい主張が必要だ）

⇩

いま、高島屋はこう考える
「薄っぺらな世の中はイヤだ。」
世の中、若者だけに振り回わされたくない

⇩

なぜなら
美しいマナーのある成熟した社会を、つねに高島屋は願い、そのための社会的責任を果たそう、と考えているから。

⇩

いま、強く発信したい
成熟社会における質の高いおとなの暮らし、おとなの付き合いのための生活情報を、つねに提供できる、磨かれたおとなのサロンである。

高島屋ストアコンセプト
洗練されたおとなのサロン

スローガン案
(A) 円熟の縁
(B) 深くなりたい
(C) おとなのテレパシー

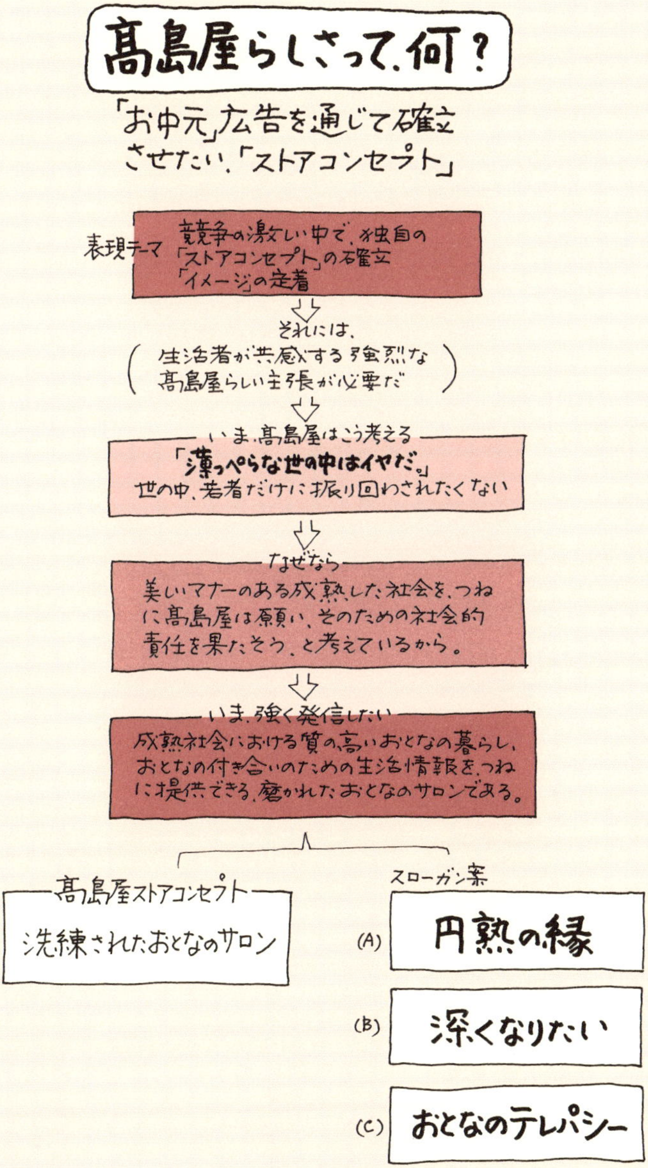

〈図-46〉

視点11　絵になる書き方、見せ方

人とは違う「アイディア」の上に、人とは違う企画書を創りたい。そして1枚の企画書が、とても気持ちのいい空間となり、あの人に語りかけてくれたら…。企画書は、アイディアを伝えるコミュニケーション手段です。この手段に、さらにアートへのこだわりを加えることをおすすめします。それによってもっと早く、深く、気持ち良く伝え、併せて自分らしさも残していけるからです。けっしてプロの技術を…ということではなく、わずかなアート感を発揮するだけで企画書は変わります。

①表現する意識で、企画書が変わる

文字もキーワードも行間も、表も図解もレイアウトも、みんなアートしようという意識があれば、企画書は変わってきます。ひとつひとつは小さいけれど、集まって1枚になると全体の空気が違ってきます。つねに「アイディア」という商品を包み込む包装紙のように、商品も魅力的に見えてきます。

②私の「1枚の絵」と考えています

アイディアが決まった後だけに、私は企画書を描くのを面白がっています。上手下手ではなく、相手に合わせて話をするように描いていく…。調理された料理（アイディア）を、一皿の上に個性的に盛りつけ、より商品価値を高めていく気分です。極端にいえば、「A4」1枚のキャンバスにどう想いを込めて描くか。自分の考えを1枚に表現すると、どんな絵になるのか。これも自分を差別化するためには必要なことです。アイディアで惚れさせて、企画書の表現で惚れさせて、それがエネルギーになって強い絆づくりへと発展するのです。

でん六豆商品リニューアル

次の、成長ステージへ。

「ウルトラミニアソート」リニューアル

ネーミングの提案

1　プレゼンの基本姿勢

いま一番大事なことは、1つの商品のリニューアルとはいえ
・全体から個、個から全体を見ること
・この中で何が言えるか。先につながるか。

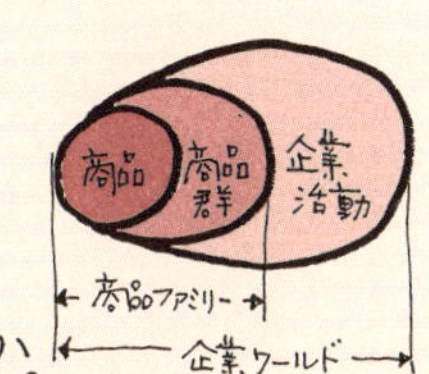

2.『ウルトラミニアソート（豆の小袋の詰め合わせ）』のリニューアル
・「売りやすい＝買いやすい」商品にどうするか
・売りのリーダーとして位置づける

発想の留意点

① あらたな成長ステージへ
② 企業ブランドにつなげる
③ イメージの活性化
④ 他メーカーとの差別化
⑤ ヒットよりロングセラー

表現の留意点（ネーミング）

① 集まって価値（豆の小袋が意志を持つ）
② ネーミングの基本要素（分りやすく、言いやすく、憶えやすい）
③ イメージがある（ストーリー、世界、音…）
④ 売るアイディアが出やすい（広告、販売）
⑤ 展開しやすい

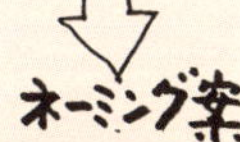

A案

「豆の福袋」
福袋を新年のものとせず、1年中、茶の間に福を与え続ける。暮らしの福の神に。

B案

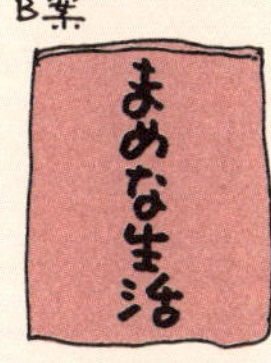

「まめな生活」
「まめ」は、まじめ、本気、きちょう面、丈夫など人間のプラス面を持っている。生活の知恵袋に。

C案

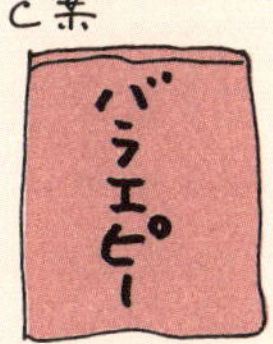

「バラエピー」
生活にバラエティを。変化を楽しむ人たちに、豆の変化球。バラエティ豊かな組み合わせを。

〈図-47〉

野菜ビジネスブランディング

「(株)野菜ビジネス」のブランディング

いまの延長線上に未来はない

追い風にのって都心型産直市場「マルシェ」は各地でスタートした。しかし、時代は変化を好みます。次々に新しい主張の産直市場、有機野菜ショップ、大手企業の農業への参入、スーパーの積極的参加、道の駅の人気など、同じところに立っていられない。

（・どうすれば強いビジネス体質ができるか。個性化差別化できるか。どうすれば先につながるか）

⇩

もっと都心型市場を進化させよう

単に産直野菜を売るのではなく

① 生活者の食生活の質を高める応援を！

② 街ぐるみ、元気に魅力的に！

③ 新しい集客装置としてのサービス形態を！

⇩

＜と、いう発想からの提案＞

「見る、知る、食べる、買う、触れる、出会う中で喜びや楽しさ、非日常の感動」を、ひとつのパッケージにして、都市の人々みんなを「おいしいは楽しい」と言わせてしまう……

『野菜生活遊園地』計画

都心型野菜市場
『ハピマルシェ』を核にストーリーづくり

永遠にゴールのない『野菜生活遊園地』

街の新しい魅力づくりのために、街の活性化のために、その街が一番喜ぶ「野菜生活遊園地」をプロデュースしていこう。時代に合わせ、生活者のニーズに合わせ進化し続けることで、街にも、生活者にも企業にも、そして生産者にも喜ばれたい。つねに変化し続けることで、魅力を失わない「ハピマルシェ」を目指す。

そのイメージは…

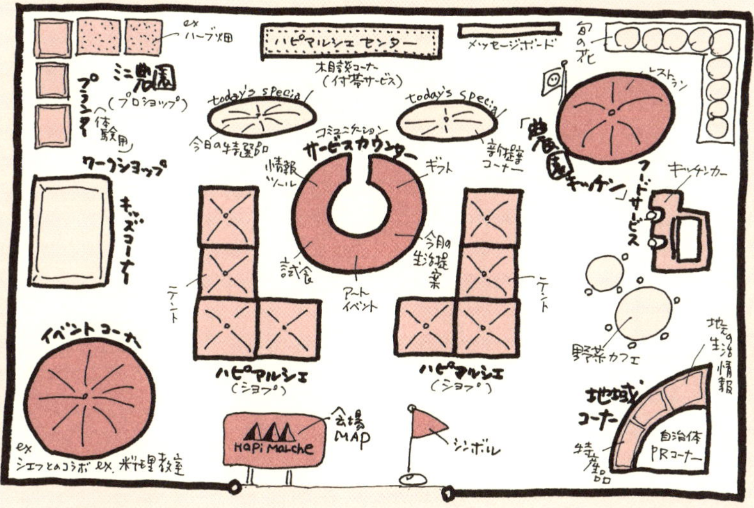

例えば…

A 旬の農産品　B 旬の加工品　C フードサービス
D 地域対応サービス　E ワークショップ＆ミニ農園　F アート＆イベント
G デモンストレーション　H ハピマルシェ農園とのコラボ　I コミュニケーション他

＜図-48・49＞

視点 12 外からの視点を持っているか

プランニングを進めていくほどに、自分の思い込みがしだいに強くなり、なかなかその企画から抜け切れないことがあります。そんなときは得てして、「それはあなたの意見でしょ。それで世の中通じるの?」と言われてしまいます。ビジネスには相手がいます。その先には生活者がいて社会がある、ということが頭の中から消えていたのです。自分を表現するだけでは信頼性に欠けるし、嫌味になります。つねに冷めた視点が必要です。

①まず問題点の客観的把握

考える前に、解決すべき問題は何かを、客観的に把握することが大切です。何が問題なのか。それは世の中にとって、どういう意味や価値観を持っているのか。置かれている位置はどこか。それを確認しながら、自分はどう考えているかをはっきりさせていきます。

②客観点な視点が欲しい

つねに社会、市場、生活者というバックグラウンドを視野に入れておきます。こうした姿勢がなければ企画全体も個人の好き嫌いで判断されてしまいます。社会というフィルターを通して、自分の言葉で語っていく…。こうした背景を背負った上で発想するから、信頼へとつながっていきます。

高度成長期は売れ行きなど定量情報(数字がベースとなる情報)を分析すれば、多くのビジネスは成功しました。しかし、いまは人々の心の奥底に潜む、数字にならないニーズやウォンツを掘り起こさないとヒットは望めません。そのために定性情報(数字に表わせられない真実の発見、洞察)が求められるようになっています。

i企画,社内革新計画

人がやめない。人が集まる。人に誇れる。

『もっと、いい会社にしたい』

↓

（何が一番問題か）

↓

企業体質が問題

（無関心。逃げていく。表だって何も言わない
人の話を聞かない。信頼感に乏しい。非難する）

↓

最大の原因は
『コミュニケーションがない』

⇩ 向き合おう！

「i（アイ）企画」
インナーキャンペン

自分が変わるから
相手も変わる

コミュニケーションは
組織の動脈に
例えられる。

「GR（グッドリレーション）運動」の提案

コミュニケーション不足を社内のイベント化し、
新しいムーブメントを起こす、インナーキャンペーン。

4つのプロジェクト

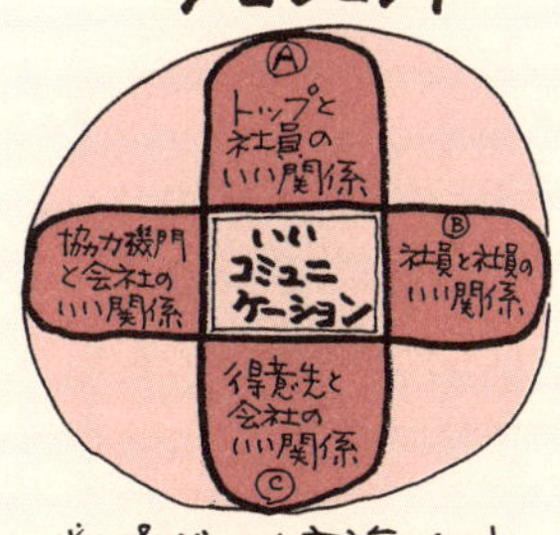

※ プロジェクト実施のヒント
は別添

チーム		
Ⓐ	トップと社員のいい関係	トップの生き方、考え方、姿勢が、会社の空気だ
Ⓑ	社員と社員のいい関係	単なる仲良しでなく刺激ある中で、キャッチボールする環境
Ⓒ	得意先と会社のいい関係	信頼関係がすべてのビジネスのキー。正面に向き合えるか
Ⓓ	協力機関と会社のいい関係	相手の力をどれだけ取り込めるか。人がついてくるのか

⇩

「いい関係づくり運動」（GR運動）
実行計画

⇩

各グループ発表会

⇩

『GR（グッドリレーション）宣言』

＜図-50＞

視点 13 仕事のヒントは、机の上にない

これからの生活者中心、市場中心のビジネスでは、生活者の心の中にとび込んでいくことの大切さが見直されています。会社の中で、机の上で、情報を手にするだけでのプランニングは難しくなってきました。いまや仕事のヒントは会社の外にあります。世の中のニーズがつかみきれない、価値観が読めない、それは現場との一体感がないからです。あのピーター・ドラッカー氏がよく言われている言葉に「生きるとは変わることだ」があります。ではこの変化はどこに表れているのでしょうか。それは100％現場です。市場です。しかも生活者の心の奥深いところには、まだまだ顕在化していないものがたくさんあります。

① 現場へ行こう。ウォッチングしよう

私は「知る」こと（情報・知識）中心の発想ではなく、「感じる」（経験知・体感）ウォッチング発想をおすすめしています。机の上では「気持ち」が読めない。パソコンの前では「想い」が入らない。知識だけでは「リアリティ」に欠ける。現場に身をおいて「五感」で考えることが、発想の原点です。

②「アナログ行動と知恵」の現場発想

いまやプランニングで現場ははずせません。できる人ほど独自のウォッチング発想で、「現場で感じ、現場で発見し、現場で作る」ことを身につけています。さらに動き回るから、もっと大切なものが見えてきます。何よりも自分の知識と現場の組み合わせで発想するのですから、オリジナルそのものです。これからは、文明の利器では手が出ない、「アナログ行動と知恵」が企業の競争力となります。

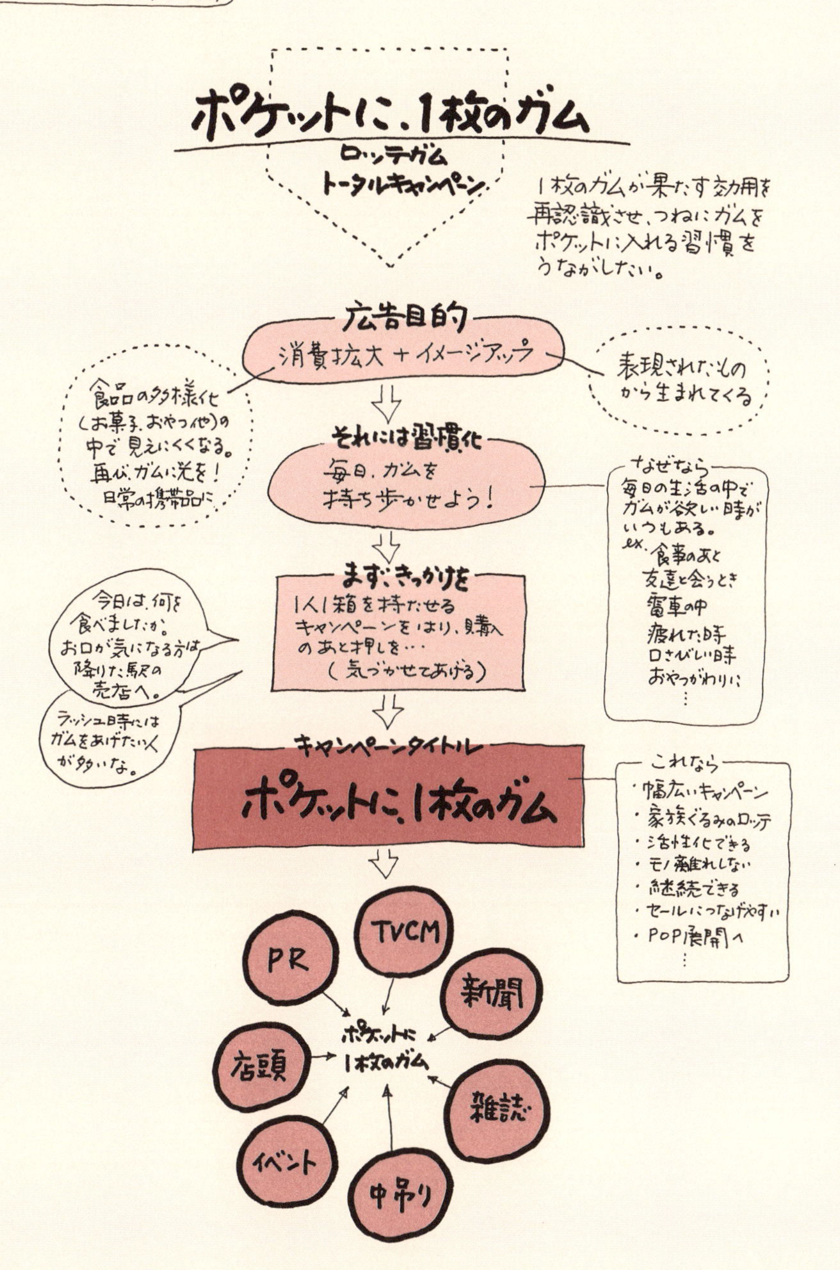
ロッテガムキャンペーン企画
ポケットに、1枚のガム
ロッテガム
トータルキャンペーン
1枚のガムが果たす効用を再認識させ、つねにガムをポケットに入れる習慣をうながしたい。
広告目的
消費拡大 + イメージアップ
食品の多様化（お菓子、おやつ他）の中で見えにくくなる。再び、ガムに光を！日常の携帯品に
表現されたものから生まれてくる
それには習慣化
毎日、ガムを持ち歩かせよう！
なぜなら
毎日の生活の中でガムが欲しい時がいつもある。
ex. 食事のあと
友達と会うとき
電車の中
疲れた時
口さびしい時
おやつがわりに
…
まず、きっかけを
1人1箱を持たせるキャンペーンをはり、購入のあと押しを…（気づかせてあげる）
今日は、何を食べましたか。お口が気になる方は降りた駅の売店へ。
ラッシュ時にはガムをあげたい人が多いな。
キャンペーンタイトル
ポケットに、1枚のガム
これなら
・幅広いキャンペーン
・家族ぐるみのロッテ
・活性化できる
・モノ離れしない
・継続できる
・セールにつなげやすい
・POP展開へ
…
TVCM
PR
新聞
店頭
雑誌
イベント
中吊り
ポケットに1枚のガム

＜図-51＞

瀬戸内しまの会社ブランディング

愛媛・瀬戸内・弓削島

(株)「しまの会社」のスターづくり

「しまの会社」のブランディング

「しまの会社」の理念

- 自立循環型の地域コミュニティの確立
- 島国日本を元気にするモデルとなることを目標

しかし、

1. 課題

① 理念を動かすための、経済的な自力が必要となった。

- いろいろ商材はあるが確固たる軸がない
- ビジネスの核づくりが急がれる。

② 全体を動かす仕組みが必要

2. テーマ設定

①「しまの会社」の将来への展開イメージの確立（ストーリーづくり）

② ビジネスコア商品の確立（スターづくり）

3. ビジネスの核(コア)づくり

（単なる経済効果だけでなく、島の魅力、島民の誇りにつなげる商品コンセプトの開発にしたい）

① コンセプト

弓削(ゆげ)の『摘み菜物語』を創ろう

「摘み菜」を戦略商品とし、そこか生まれる楽しい物語を売る

② その核となるのが
弓削のもてなし料理ともなる小皿料理

小皿料理22品

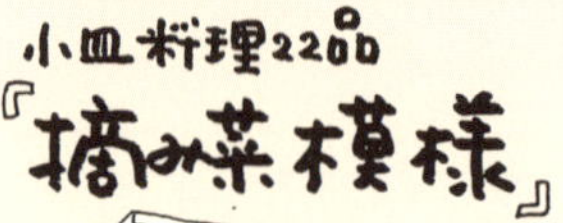

『摘み菜模様』

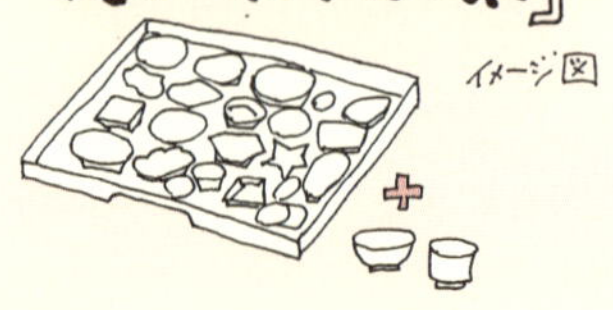

イメージ図

③ なぜ「摘み菜」か

- 食材は多彩。全島にある
- 料理法、食べ方など一般にも入り、知恵もある
- 主婦層での体験ウォッチングもあり、知識が豊富
- 子供の体験学習もあった
- その成果が図鑑「弓削の摘み菜集」となり、町の財産
- 「摘み菜」は天然で自生のパワーを持ち、知るほどに魅力を増す

4. さらなる商品化への展開へ

「摘み菜模様」を引き金にし
磨き続けることで戦略を
強固なものへ。
摘み菜のシリーズを進化させる。

① 「摘み菜」小皿料理

② 「摘み菜」が主役のオリジナル商品の開発

③ 脇役だが「摘み菜」を加えることで価値を増す食品・生活用品

④ 「摘み菜」をテーマに、生活に喜びや楽しみを提供するイベント、文化活動、ツアー企画

ステップ① イメージ戦略上の核メニュー開発し、次への商品化②へ

ステップ② 「摘み菜」に付加価値を与え、主役を目指す

ステップ③ 既存の商品に「摘み菜」を加えより価値を高める

ステップ④ 底辺拡大 ファンづくり

5. アイデンティティの確立

統一性（考え方と表現）によりイメージ資産の累積

① しまの会社のスローガン
「ゆっくりすむ」でいこう

② 「摘み菜」のスローガン（性格づけ）
「山の野菜・海の野菜」

③ 小皿料理のネーミング
「摘み菜模様」

④ 商品名の統一
ex.**「摘み菜茶」**
「摘み菜クッキー」他

⑤ シンボルマーク、ラベル、パッケージ他 デザイン統一

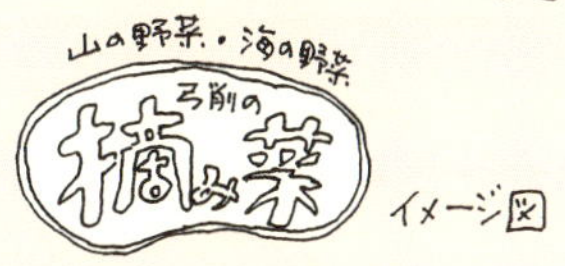

イメージ図

6. これからのビジネススタンス

①「島の資源を再発見し、新たに付加価値を創り、島の資産の拡大化を図る会社」と位置づける

② 摘み菜の新しい世界を提案。自然素材である山の野菜・海の野菜を「摘み菜」でくくった、初めての新カテゴリー商品

〈図-52・53〉

視点 14　強い説得力とは、「こだわり」だ

「考える」とか「創造する」とは、新しいことに挑戦することです。世の中に、頭ひとつポコッととび出すこと、これが差別化であり、個性化と言われます。当然、ピピッと兆しを感じて「これは新しい！」と創り出すのですから、相手だって周りだって読みきれず、判断しにくいものです。そこでプランニングする人が、相手以上に「アイディア」にこだわらなかったら、企画は何も伝わりません。企画へのこだわり、人へのこだわり、社会へのこだわり、と執着心を持つことで熱意は伝わります。

①プランナーとしてのこだわり

「ここにこだわってビジネスしたい」という強い思い込みがあるのか。自分ならこの仕事をどう料理するか。ここでどう面白がるか。どんな想いを込めるか。私は仕事を手にしたとき、つねにポジティブに調理法を変えることで、仕事のスケールを大きくするよう努めました。それが相手の期待を超えることであり、喜ばせることにつながるからです。自分ならどうする…という面白がり方がないとダメです。他人のモノサシでは迫力に欠けるし、人を巻き込めません。自分のこだわりをつくることで、相手に分からせようとする想いが伝わります。

②パートナーとしてのこだわり

あの人にこうしてあげたい、喜ばせてあげたい…。そこに自分の意志や想いの入ったプランニングにしたい。それは単なる課題解決でも、オーダーに合わせた解答でもありません。つねに世の中に対して、社会に対して、受け入れられるかどうか。これがパートナーとしてのこだわりです。

映像制作P社リ・ポジショニング

「P」社のリ・ポジショニング。

― 立っている位置を変えよう。―

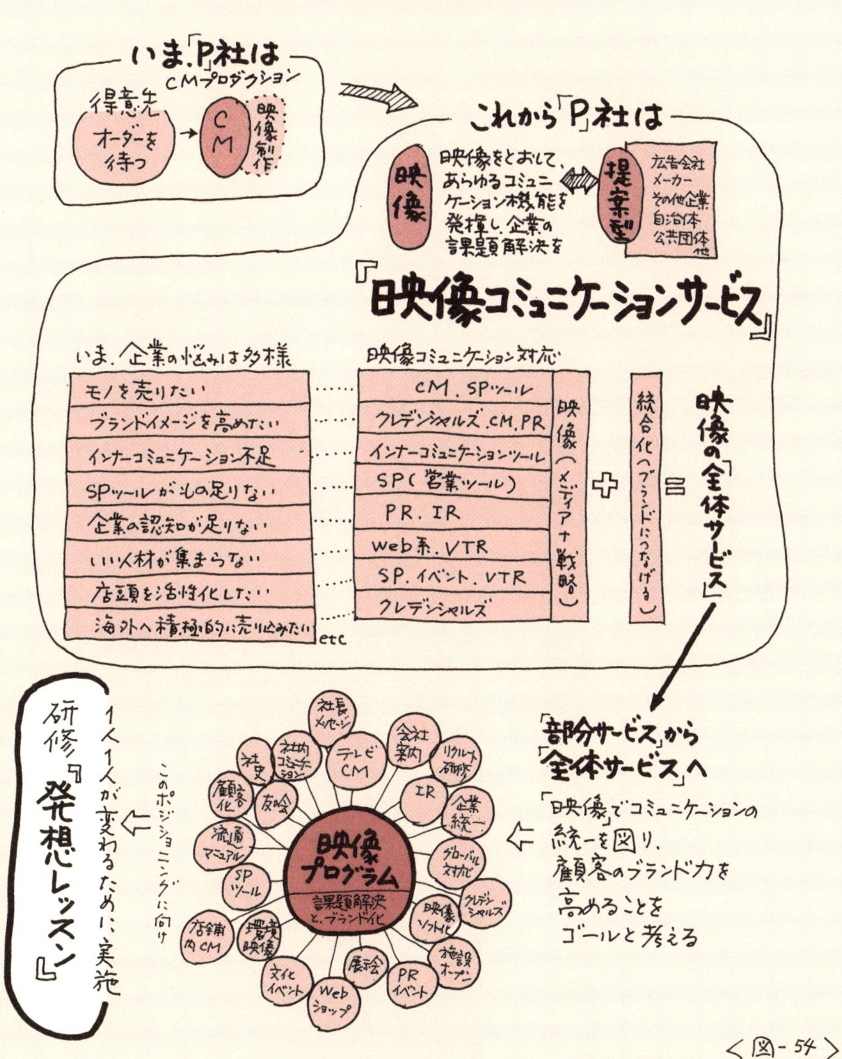

〈図-54〉

視点 15 「あなたがいないと困る」と言わせたい

ビジネスの軸足が「稼ぐ」から「愛され続ける」ことに移っています。それは企業も商品も同じように、「深く愛して・永く愛して」が急務だからです。ようするに、相手とのいい関係が続かないかぎり、ビジネスにならない…。私たちの仕事は、「関係づくり」をどう意識するか、にかかっています。つねに相手に惚れさせて、「あなたがいないと困る」と言わせたいものです。

①負けても心に引っかき傷を！

私は競合（他社との企画競争）で負けても、かならず相手にインパクトを与えたい。「いつかこの人を使いたい」と思わせることを意識しました。「本気で考えている」「絶対得になる」「先につながっている」…「うまい」より相手の悩みの本質につながっていくことを目ざしたのです。目的は勝ち負け、通る通らないより、どこまで惚れさせるか――プランニングは、考えるのも、作るのも、企画書に書くのも、その根っこは「人間への視点」です。

②「惚れられる企画書」にするために

- 社会との接点を強める（時代性、暮らし、市場など社会との関わりの中で考えているか）
- 全体サービス発想（部分部分でなく、全体の視点から組み立てているか）
- 先へ持続的発展（足元だけの解決でなく先につなげているか。イメージが残るか）
- ホカとの差異化（考えていることが個性的であり、差別化の求心力になっているか）
- 期待を超えた発想（相手の予想を裏切ることで、新たな感動を生み出しているか）
- 想いの熱さ（相手を喜ばせたい。相手を得させたい。その想いは伝わっているか）
- 自分の売り込み（個性、性格、能力などが発揮されているか。自分らしさが見えているか）
- いい関係づくり（信頼され、期待され、一緒にやりたい、と思わせているか）

アテナ企画リ・ポジショニング

企業も人も T字型 に向かう

(アテナ企画の
3年先のベストを探ぐる)

頑張れ!
稼げ!
考えろ!
掛け声だけでは
解決できない

「いま目ざす目標が見えない」

目標が見えれば、少々高いハードルも越えようとするし、努力もするし、我慢もする。そこで、これからの生き方、戦い方を探る「T字型戦略」のご提案。

アテナ企画の「T字型戦略」の仮説— 3年先「ADパートナー」を目指そう。

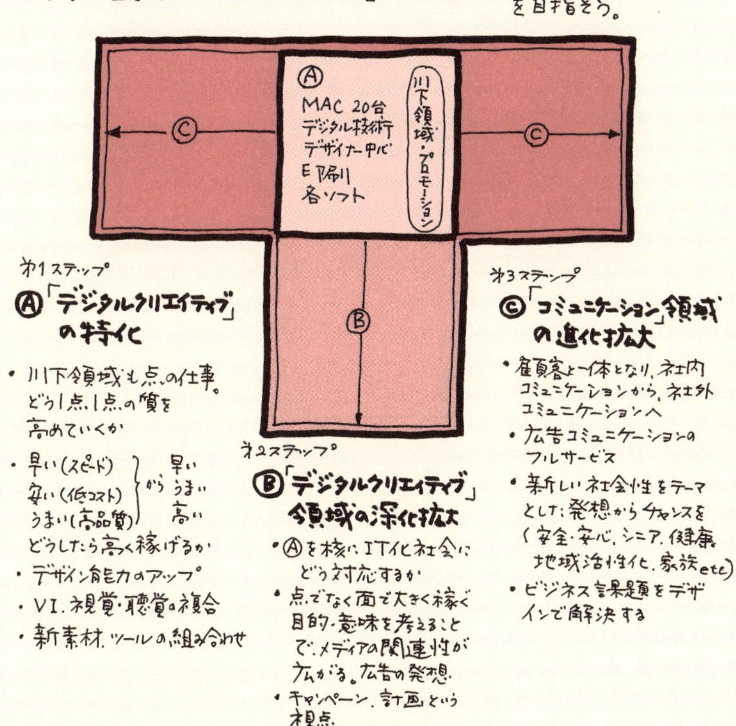

<図-55>

あとがき

第5章の、「手描き1枚の企画書」について

もう広告の企画書なんて、ずいぶん書いていないものですから、事例として過去のものを取り出してみました。そして、最近取り組んでいた企業ブランディングや島おこし、研修の企画書など合わせて約20点。昔からアナログ1枚＋αで書いていたもので、集めてみるとやはり、基本姿勢も手法も変わっていませんでした（それにしても古い印象はぬぐいきれず、手を加え、書き直したりはしましたが原型はこのカタチです）。いろいろ取材した素材から全体像を描き、コンセプトに絞り込んでいく作業。言葉と一緒に相手の頭の中に映像として送り込む作業。単に企画書を書く技術ではなく、相手の**頭の中に映像を結びつけたか、**どうかを大事にしてきました。ここでお見せするには内容のレベルの低さが気になりましたが、「手描き1枚」の力を伝えたくてあえて登場させました。ご容赦ください。

●

よく昔も今も言われている、カフェの紙ナプキンや、コースターの裏に、アイディアを書いて仕事をした、という話。これも1枚のど真ん中に、しっかりとした映像を浮かべていたからなのでしょう。本質・核心さえはずさなければ、1枚とはいえ依頼主から喜ばれるものです。最近のようにビジネスが錯綜する中で、紙1枚というのは相手も不安がり、企画書として成立しにくい場合もあります。しかし、これも相手との関係次第。相手への熱い想いが伝われば、けっこう通じるものです。多少の飛躍があっても、コンセプトメイキングのように方向性を決めるには、1枚のほうが明解になります。ぼう大な情報をバサバサ切って、芯を取り出してあげる…この整理整頓が

相手にとって願ってもないこと。なぜなら一番大事な「方向」が示されるのですから。

•

最近ブランディングなどでも、引いて全体を見て、一気に核心に入っていく…。そしてそこからストーリーを描き、映像として結びつけるようにしています（事例の中で数例）。この絵がお互いに共有できれば成功なのです。ビジネスの多様化する中で、一発OKということより、一緒に1枚の紙をはさんで共創していくことを考えたほうがいいでしょう。それでなくても社内事情は複雑きわまりないのですから。この**手描き1枚をもとに、一緒に世界を共有**し、一気にテンションを上げられたら、嬉しいですね。

•

商品開発も、事業計画も、広告も、ネーミングも、ブランディングも、研修も、インナー対策も、店づくりも、町おこしも、すべて紙1枚の中に映像が描かれ、相手の頭の中に映像として結びつける――これが企画書の、理想と考えています。

高橋宣行

高橋宣行（たかはしのぶゆき）

1940年生まれ。1968年博報堂入社。
制作コピーライター、制作部長を経て、統合計画室、MD計画室へ。
制作グループならびにマーケットデザインユニットの統括の任にあたる。
2000年より関連会社を経て、現在フリープランナー。
企業のブランディング、アドバイザー、研修講師、執筆などで活躍。

[著書]「オリジナルシンキング」「オリジナルワーキング」「コンセプトメイキング」
「企画書は、手描き1枚」「キーメッセージのつくり方」「人真似は、自分の否定だ」
（以上ディスカヴァー・トゥエンティワン）、「博報堂スタイル」「鳥の目・虫の目発想読本」
「コラボで革新」（以上PHP研究所）、「発想ノート」「発想フロー」「発想筋トレ」
（以上日本実業出版社）他がある。

企画書は、手描き1枚［増補改訂版］

発行日　2018年9月30日　第1刷

Author　高橋宣行

Book Designer　三木俊一（文京図案室）

Publication　株式会社ディスカヴァー・トゥエンティワン
〒102-0093　東京都千代田区平河町2-16-1 平河町森タワー11F
TEL03-3237-8321（代表）　FAX03-3237-8323
http://www.d21.co.jp

Publisher　干場弓子
Editor　藤田浩芳

Marketing Group
Staff　小田孝文　井筒浩　千葉潤子　飯田智樹　佐藤昌幸　谷口奈緒美　古矢薫　蛯原昇
安永智洋　鍋田匠伴　榊原僚　佐竹祐哉　廣内悠理　梅本翔太　田中姫菜　橋本莉奈
川島理　庄司知世　谷中卓　小木曽礼丈　越野志絵良　佐々木玲奈　高橋雛乃

Productive Group
Staff　千葉正幸　原典宏　林秀樹　三谷祐一　大山聡子　大竹朝子　堀部直人　林拓馬
塔下太朗　松石悠　木下智尋　渡辺基志

Digital Group
Staff　清水達也　松原史与志　中澤泰宏　西川なつか　伊東佑真　牧野類　倉田華
伊藤光太郎　高良彰子　佐藤淳基

Global & Public Relations Group
Staff　郭迪　田中亜紀　杉田彰子　奥田千晶　李瑋玲　連苑如

Operations & Accounting Group
Staff　山中麻吏　小関勝則　小田木もも　池田望　福永友紀

Assistant Staff　俵敬子　町田加奈子　丸山香織　井澤徳子　藤井多穂子　藤井かおり　葛目美枝子
伊藤香　鈴木洋子　石橋佐知子　伊藤由美　畑野衣見　井上竜之介　斎藤悠人
平井聡一郎　宮崎陽子

Printing　日経印刷株式会社

・定価はカバーに表示してあります。本書の無断転載・複写は、著作権法上での例外を除き禁じられています。インターネット、モバイル等の電子メディアにおける無断転載ならびに第三者によるスキャンやデジタル化もこれに準じます。
・乱丁・落丁本はお取り替えいたしますので、小社「不良品交換係」まで着払いにてお送りください。
・本書へのご意見ご感想は下記からご送信いただけます。
http://www.d21.co.jp/contact/personal
ISBN978-4-7993-2366-3　©Nobuyuki Takahashi, 2018, Printed in Japan.

クリエイティブ・パーソン必読！

“時代を創る”最強のテキスト
第1弾〜第3弾

大好評発売中！

21世紀の「アイデアのつくり方」。人とは違うことを考えるためのヒントをわかりやすい図解でご紹介します。

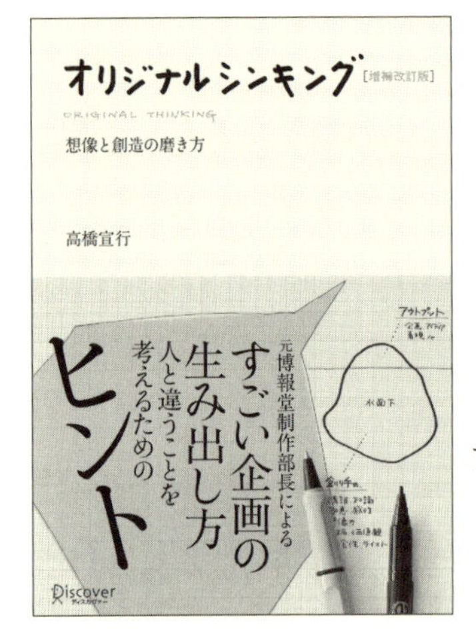

「オリジナルシンキング
[増補改訂版]」高橋宣行 著
本体価格1500円
ISBN 978-4-7993-2367-0

すごい結果を出すためのヒント。企画を実現するために、何が必要か。独創的な「仕事術」をご紹介します。

オリジナルワーキング
ORIGINAL WORKING
独創的仕事人へのセオリー
高橋宣行
企画をどう実現させるか
元博報堂制作部長による
すごい結果を出すためのヒント
Discover

「オリジナルワーキング」高橋宣行 著
本体価格1400円
ISBN 978-4-88759-535-4

すごい企画とすごい結果を出すためのコンセプトのつくり方を開示。豊富な事例でわかりやすく解説。

コンセプトメイキング
CONCEPT MAKING
変化の時代の発想法
高橋宣行
元博報堂制作部長による
すごい企画とすごい結果を出すための
コンセプトのつくり方
リッツ・カールトン、サントリー、アメックス、トヨタ……etc.
豊富な86事例掲載！
Discover

「コンセプトメイキング」高橋宣行 著
本体価格1400円
ISBN 978-4-88759-590-3

表示の価格に消費税が加算されます。

書店にない場合は小社サイト（http://www.d21.co.jp/）やオンライン書店へどうぞ。

お電話（03・3237・8321（代））やウェブサイトでもご注文になれます。